ヘルメス神と空海と魔法

霊界の秘儀と奇跡のメカニズム

大川隆法
Ryuho Okawa

まえがき

すでに『魔法および魔法界について』『ゲーテの霊言』を発刊している。本年二月二十二日から、全国ロードショーとなる『僕の彼女は魔法使い』の原作・原案である。

本書『ヘルメス神と空海と魔法』も同趣旨《しゅし》ながら、現代人にとっては、大魔法使いにも見える、古代ギリシャのヘルメス神と、日本の平安時代の密教僧・空海に、霊言形式で「魔法」についてインタビューしたものである。

ヘルメス神は、霊界とこの世との通信役ともいわれているが、ある意味でそれは宗教の原点であって、超能力を魔法と言いかえたにすぎなかろう。

とにかく、現象化するスーパーナチュラルなものを、本書は語っている。映画上映が近づいてくると、私の説法や楽曲《がっきょく》に触れた人々に、金粉《きんぷん》が降ったり、難病が治ったりする奇跡が多発している。過去に「魔法」といわれたものの姿の一つが見えているのではなかろうか。

二〇一九年　一月二十九日

幸福《こうふく》の科学《かがく》グループ創始者兼総裁《そうししゃけんそうさい》　大川隆法《おおかわりゅうほう》

ヘルメス神と空海と魔法　目次

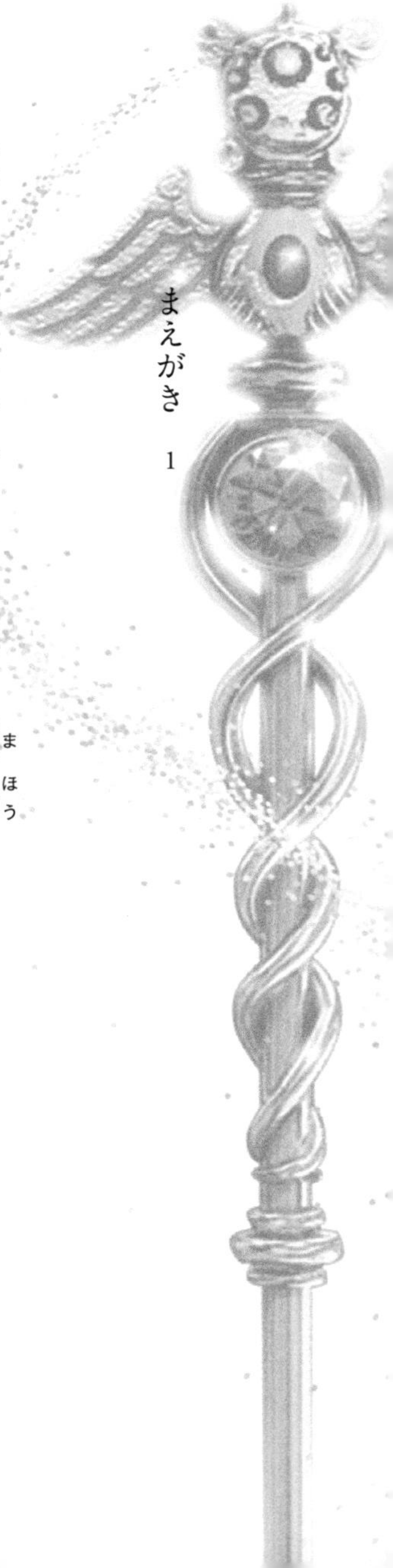

第1章　ヘルメス神と魔法《まほう》

二〇一七年三月十九日　霊示《れいじ》
幸福の科学 特別説法堂《せっぽうどう》にて

4 「心を支配する」という魔法　70

5 経営や発明・発見のなかにある魔法　86

第2章　空海と魔法

二〇一七年三月十九日　霊示
幸福の科学 特別説法堂にて

「霊言現象《れいげんげんしょう》」とは、あの世の霊存在の言葉を語り下ろす現象のことをいう。これは高度な悟《さと》りを開いた者に特有のものであり、「霊媒現象《れいばいげんしょう》」（トランス状態になって意識を失い、霊が一方的にしゃべる現象）とは異なる。外国人霊の霊言の場合には、霊言現象を行う者の言語中枢《ちゅうすう》から、必要な言葉を選び出し、日本語で語ることも可能である。

なお、「霊言」は、あくまでも霊人《れいじん》の意見であり、幸福の科学グループとしての見解と矛盾《むじゅん》する内容を含《ふく》む場合がある点、付記しておきたい。

第1章

ヘルメス神と魔法《まほう》

二〇一七年三月十九日　霊示《れいじ》
幸福の科学　特別説法堂《せっぽうどう》にて

幸福の科学学園　関西中学校・高等学校のヘルメス像

ヘルメス神

ギリシャ神話ではオリンポス十二神の一柱《いっちゅう》とされているが、霊的《れいてき》真実としては、約四千三百年前、「愛」と「発展」の教えを説いた宗教家にして、地中海に一大繁栄圏《はんえいけん》を築き、西洋文明の源流となった実在の英雄《えいゆう》。地球神エル・カンターレの分身の一人。『愛から祈《いの》りへ』『愛は風の如《ごと》く』全四巻（共に幸福の科学出版刊）参照。

質問者

斎藤哲秀《さいとうてっしゅう》
幸福の科学編集系統括《とうかつ》担当専務理事 兼《けん》
ＨＳＵ未来創造学部
芸能・クリエーターコースソフト開発担当顧問《こもん》

大川《おおかわ》愛《あ》理《り》沙《さ》
幸福の科学宗務《しゅうむ》本部総裁室チーフ 兼
総裁室映像企画《きかく》ソフト担当部長 兼
ニュースター・プロダクション（株）アドバイザー

村上《むらかみ》明日香《あすか》
ニュースター・プロダクション（株）主任 兼
幸福の科学メディア文化事業局主任

［質問順。役職は収録時点のもの］

1 「魔法《まほう》」についてヘルメス神に訊《き》く

大川隆法　映画「君のまなざし」（二〇一七年）、「さらば青春、されど青春。」（二〇一八年）に続く実写映画として、「僕《ぼく》の彼女は魔法使《まほうつか》い」（二〇一九年二月二十二日公開）を企画《きかく》しています（いずれも製作総指揮・原案　大川隆法）。

その映画のなかには、魔法使いや魔法が出てくるので、シナリオ系にかかわっている私の次女・愛《あ》理沙《りさ》のほうから、「いろいろと魔法使いの研究をし

映画「僕の彼女は魔法使い」
製作総指揮・原案 大川隆法
主演 千眼美子《せんげんよしこ》
2019年2月22日公開

たい」という要請《ようせい》を受けました。先日（二〇一七年二月十八日）、●ゲーテを少し調べたのですが、「魔法使いという目で見れば、おそらくはその頂点にいるのではないかと推定されているヘルメス神にも訊《き》いてみたい」と言われたので、ヘルメスにも訊いてみようかと思っています。

あとは、日本の宗教家で言うと、密教《みっきょう》ではありますが、●空海《くうかい》あたりが、もしかしたら〝最大の魔法使い〟なのではないかなという感じもしてはいますし、あるいは、空海よりもっと前の●役小角《えんのおづぬ》あたりもそうかもしれません。

そういうことで、できれば空海についても、魔法に関して何か見識を持っているかどうか調べたいと思っています。

ヘルメスについては、多くを語る必要はないでしょう。神話に

●ゲーテを少し調べたのですが……　『ゲーテの霊言―映画「僕の彼女は魔法使い」に描かれる世界―』（幸福の科学出版刊）参照。

なっているものには、いろいろと不思議な話はありますが、時間がたてば変わっていくこともありましょうから、基本的には、気にせずに端的《たんてき》に話してもらおうかと思っています。

時間の節約のために、早めに（霊言《れいげん》に）入ろうかと思いますので、よろしくお願いします。

では（手を一回叩《たた》く）、ヘルメス神よ、ヘルメス神よ、どうか、幸福の科学に降りたまいて、魔法や魔法使いについてのお考え、ご意見等、質問に答えてくださいますれば幸いです。

（約十五秒間の沈黙《ちんもく》）

●空海（774〜835）　日本の真言宗《しんごんしゅう》の開祖（真言密教《みっきょう》の第八祖）。留学僧《そう》として唐《とう》に渡り、恵果和尚《けいかおしょう》から密教の法灯《ほうとう》を受け継ぐ。帰国後、高野山《こうやさん》に金《こん》剛峯寺《ごうぶじ》を建立《こんりゅう》して真言宗を開いた。

●役小角（634〜706）　日本の飛鳥《あすか》時代の呪術者。修験道《しゅげんどう》の開祖。

2　ヘルメス神の「神秘力と行動力」

「神秘家」と「商業の神」の側面を併《あわ》せ持つヘルメス

ヘルメス　ヘルメスです。

大川愛理沙・斎藤　おはようございます。

斎藤　本日は、ご降臨《こうりん》、まことにありがとうございます。

ヘルメス　うん。

斎藤　本日は、今後の映画の製作に当たりまして、ぜひ、魔法界《まほうかい》を司《つかさど》られ、その頂点に立たれていると思われますヘルメス神のご指導を賜《たまわ》りたく、お話をお聞かせいただきたいと思います。

ヘルメス　あれ？　私は〝魔法使い〟でしたっけねえ。

斎藤　す、すみません（会場笑）。事前解説で、そのようなナビゲートがございましたものですから。

ヘルメス　それは、偏見《へんけん》かもしれないですけどね。「魔法」じゃなくて、「神の法」を司っている者であって。

斎藤　はい。たいへん失礼申し上げました。

ヘルメス　魔法って、中世の〝変な人たち〟のことじゃないですか？

斎藤　はい、はい。

ヘルメス　うーん。

斎藤　私たちの学んでいるところによりますと、ヘルメス神は、四千三百年前、ギリシャのクレタ島のシティアという町に生まれ

現在のシティアの町並み

ヘルメスが生まれ育ったクレタ島シティア

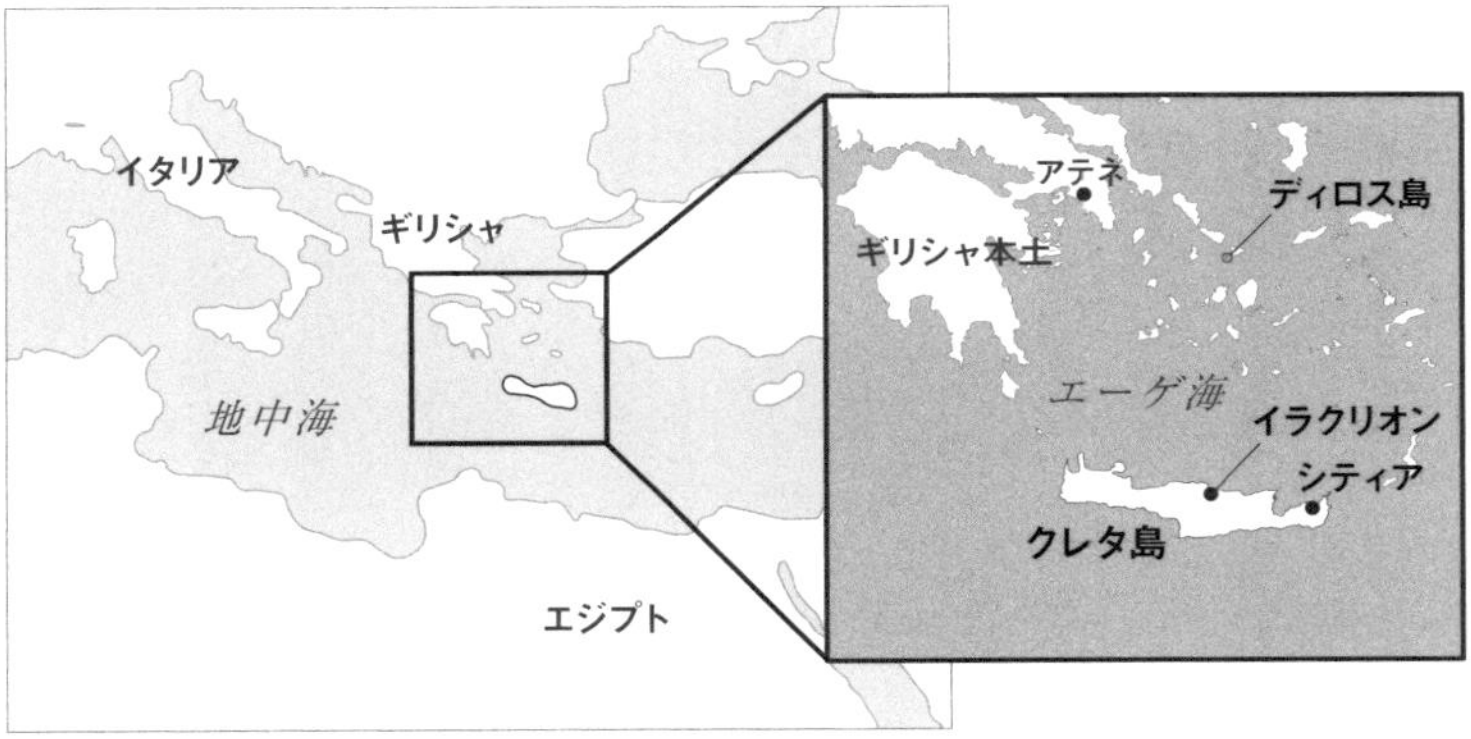

ヘルメスの半生を描いた
『愛は風の如く』全４巻
（幸福の科学出版刊）。

『愛は風の如く』は1997年にアニメ映画化された（製作総指揮・大川隆法）。（下）映画「ヘルメス―愛は風の如く」で描かれたシティアの町。

て、その後、王子としてさまざまな研鑽《けんさん》を積まれ、そして王として活躍《かつやく》をされ、ギリシャ統一へと向かっていかれました。

このヘルメス神は、「西洋文明の源流」をつくられた祖であると、私たちは学んでおりますが、大王として政治を行う一方で、さまざまな神秘体験を通じて、偉大《いだい》な霊力《れいりょく》も同時に発揮されたと伺《うかが》っております。

四千三百年前のやや古い話になりますが、そのあたりについて、ヘルメス神は、当時、どのようなスタンスでいらっしゃったのでしょうか。

ギリシャには“House of Hermes”（ヘルメスの家）と呼ばれる、紀元前２世紀の建造物の遺跡も遺《のこ》されている（ディロス島）。

ヘルメス　いや、まあ、霊能者の原型はそう大きくは変わらないけどね。

ヘルメスは、「冥界《めいかい》と地上界の通信役」というか、そういう「つなぐ者」としてよく知られているように、実際上、生きながらにして霊界《れいかい》に行ったり帰ったりするような能力が強かったので。そういう意味で、「神秘家」としての宗教家の面は持っていた。

それと同時に、この世においては、「商業の神」とか、「旅行の神」ともいわれているように、ヨーロッパの繁栄《はんえい》のもとになった商業とか、貿易とか、そういう実務的なものもできたというところがありますね。

日本だと、一橋《ひとつばし》大学などではヘルメスの杖《つえ》が校章になっているようで、ここは商業を教える大学ですね。また、三越《みつこし》の上にもヘルメス像があったり、ニューヨークのグランドセントラルステーションの上にもヘルメス像があったりします。商業と旅行の神ということで、いまだに祀《まつ》られてはいるから、世界的なかたちでの「商業の神」的な側面も持っている。だから、「この世的な能力」も持っていて、この世的にも足が速くて、移動速度が速かったということは言えるのかもしれないけれども、「霊界」とも行き来をしていて、霊界の事情についても詳《くわ》しくて、この世の人たちを正しく導いていた面もあったということです。

大川隆法総裁にも、「国際関係や貿易等について、実務的にも詳しくて、かつ宗教家でもある」という、少し不思議な面があります

(上左) ニューヨーク・グランドセントラルステーションの彫刻(Glory of Commerce：商業の栄光)のヘルメス像。(上右) 日本橋三越本店のヘルメス像。(左) 一橋大学の校章。ローマ神話の商業・学術などの神メルクリウス Mercurius (ギリシア神話のヘルメスに当たる) の杖を図案化している。

けれども、これは「ヘルメス的な側面」が出ていると考えてよいのではないかと思いますね。

そういう意味で、抹香臭《まっこうくさ》いお坊《ぼう》さんという側面は、あまりないですわね。まあ、そういうところですかね。

昔の人は、理解不能のことは何でも「魔法」にしてしまうので。ハハハ（笑）。まあ、どうですかね、旅客機が飛んでも、〝箒《ほうき》にまたがって飛んで〟いるように言うかもしれませんからね。

「ヘルメス・サンダル」が象徴《しょうちょう》するもの

ヘルメス　確かに、私は霊界に行き来できたことと、もちろん、生きたまま霊体《れいたい》の一部を飛ばして、いろいろな所を見てくることはできたので、そういう意味での「千里眼《せんりがん》」と言えば千里眼、「空中飛行」と言えば空中飛行もしてはいたのでね。それが、神話のかたちでいろいろ出来上がっているということかね。

これが「魔法使い」なのかね？「魔法使い」って、もうちょっとレベルの低いのを言うんじゃないの？

大川愛理沙　（笑）

斎藤　今、ヘルメス神から、この世においては「商業の神」ということと、また、霊界との関係では、「この世とあの世を貫《つらぬ》く通信役」ということ、要するに、「実務家」と「神秘家」の両方を併《あわ》せ持って融合《ゆうごう》されていた方であるということをお聞きしました。

特に「神秘家の側面」として、私たちが幸福の科学で学んでいるところによりますと、一九九七年に公開された、「ヘルメス―愛は風の如《ごと》く」（製作総指揮・大川隆法）というアニメーション映画がございます。

ヘルメス　うん、うん。

斎藤　そのなかの、あの世に行かれるシーンのところで、「オフェアリス神●から、小さな『金《きん》のサンダル』を妖精《ようせい》のパンとアガペーが預かり、ヘルメス神に受け渡《わた》され、その小さな小さな数センチのものを履《は》くと、パッと大きくなり、その羽の付いた金のサンダルで、トントントントントントーンッと霊界に行ってしま

●オフェアリス神　約6千5百年前のギリシャに生まれ、後にエジプトへ遠征。王となり、エジプトに繁栄をもたらした。エジプト神話では「オシリス」と呼ばれている。地球神エル・カンターレの分身の一人で、ヘルメスの過去世《かこぜ》でもある。前掲『愛は風の如く』全4巻、『公開霊言　ギリシャ・エジプトの古代神 オフェアリス神の教えとは何か』（幸福の科学出版刊）等参照。

う」というようなくだりがございました。
　そして、そのサンダルは、ほかの人には見えないということでした。

ヘルメス　うん。

斎藤　そのように、ヘルメス神の「神秘家」の側面としての姿については、映像等で、私たちもずいぶん昔から拝見させていただいております。このあたりについて、少しお聞かせいただけますでしょうか。

ヘルメス　それは、アニメだから、絵に描《か》けなきゃい

映画「ヘルメス―愛は風の如く」の金のサンダルのシーンより。(上左) ヘルメスが履《は》いた金のサンダル。(上右) 天使のような姿の妖精《ようせい》のパンと、ペガサスに乗った小さな妖精アガペーとともに霊界探訪《れいかいたんぼう》へと旅立つヘルメス。

けないからね。そういう面はあると思うけどね。

斎藤　その映像を心に刻《きざ》みながら、精進《しょうじん》を重ねてまいりました。

ヘルメス　実際、それは、あれですよ。幽体離脱《ゆうたいりだつ》して霊界に行くときには、精神統一と心の準備が必要ですからね。そうした「旅立つ」という心の準備の部分を、ヘルメス・サンダル的なもので象徴《しょうちょう》しているわけね。「これから、いよいよ旅立つぞ」ということで、心の準備をしている。日本であれば、「草鞋《わらじ》を履いて出かける」というところでしょうけれどもね。

それがヘルメス・サンダルのもとではありますが、あとは、象徴的に、「飾《かざ》り」として、そういうものをつくって履いていたということはありますかね。ただのサンダルでは面白《おもしろ》くないので、金の羽が付いたようなサンダルを造形して履く趣味《しゅみ》もあったことはあったので、みんながそれを見て、「金のサンダルを履いて飛んでいるのかな」と思っていたということはあったかもしれません。

ただ、これは、あくまでもこの世の人に分かるような説明であって、「霊界に行く前に、精神統一をして、肉体から抜《ぬ》け出して飛翔《ひしょう》していく準備のこと」を、そういう「サンダルを履く」という言葉で言っているということだね。

まあ、今でも、宇宙飛行士みたいなものが、月や火星とかで地表の上を飛ぶことができるとは思うけど、そういうものではなかろうね。

「ケリューケイオンの杖《つえ》」の役割とは

斎藤　（大川愛理沙に）霊界について、何かお訊《き》きしたいことはありますか。

大川愛理沙　はい。ヘルメス様の金のサンダルの話に続いてしまうのですが、ケリューケイオンの杖《つえ》で、井戸《いど》を掘《ほ》り当てるだとか、雷《かみなり》を呼ぶとか……。

ヘルメス　ちょっと原始的な話だなあ。

ケリューケイオンの杖《つえ》は、ヘルメスがオフェアリス神から授かった奇跡の杖。ギリシャ神話でヘルメス神の持ち物として伝わっているものは、広げた翼《つばさ》と2匹の蛇をかたどったものだが、『愛は風の如く』（前掲）では、ヘルメスの妻アフロディーテの顔が彫《ほ》られている。（上左）映画「ヘルメス―愛は風の如く」より、ケリューケイオンの杖で井戸を掘り当てるヘルメス。（上右）幸福の科学の東京正心館《しょうしんかん》（東京都港区）の装飾。

大川愛理沙　（笑）ほかには、どういう使い方をしていらっしゃったのでしょうか。

ヘルメス　まあ、万能《ばんのう》の道具ではあるんだけど、うーん……。●マイティ・ソーのハンマーみたいなものだと思えばいいよ。

そういうもので、ケリューケイオンの杖も、いろいろ〝万能の道具〟ではあった。昔から、王様は錫杖《しゃくじょう》みたいなものを持っているところもあったし、いざというときには、武器にも使えるようなものでもあったけれども、まあ、「魔法の杖」というのは昔からあって、モーセも杖を使っていますけどね。

今だったら、魔法の杖は、もうあまりなくて、縮小してしまっ

●マイティ・ソー（トール）　ソーは北欧《ほくおう》神話の神で、主神・オーディンの息子。神々と人間の世界を守るため、鉄鎚《てっつい》ミョルニルを武器に巨人と戦ったとされる。「マイティ・ソー」は、ソーをモデルとするヒーローが活躍するアメリカンコミックや映画の主人公の名前。『マイティ・ソーとオーディンの北欧神話を霊査する』（幸福の科学出版刊）等参照。

て、コンサートのときに指揮者が振《ふ》っている指揮棒が、それに当たるわけでね。人々の心を一定の方向に導いたり、ある意味での催眠《さいみん》にかけるための棒が、あの指揮棒だけどね。そうした音楽の旋律《せんりつ》を奏《かな》でるために、つくり上げるものだけれども。

そういうふうに、「自分自身の精神を統一しながら、周りの人々をも導く象徴的な道具」として、ケリューケイオンの杖というものを持っていたことは、そのとおりです。これはわりあい古典的なもので、何らかのかたちで、そういう金の錫杖を持っているというのは、王様の印《しるし》

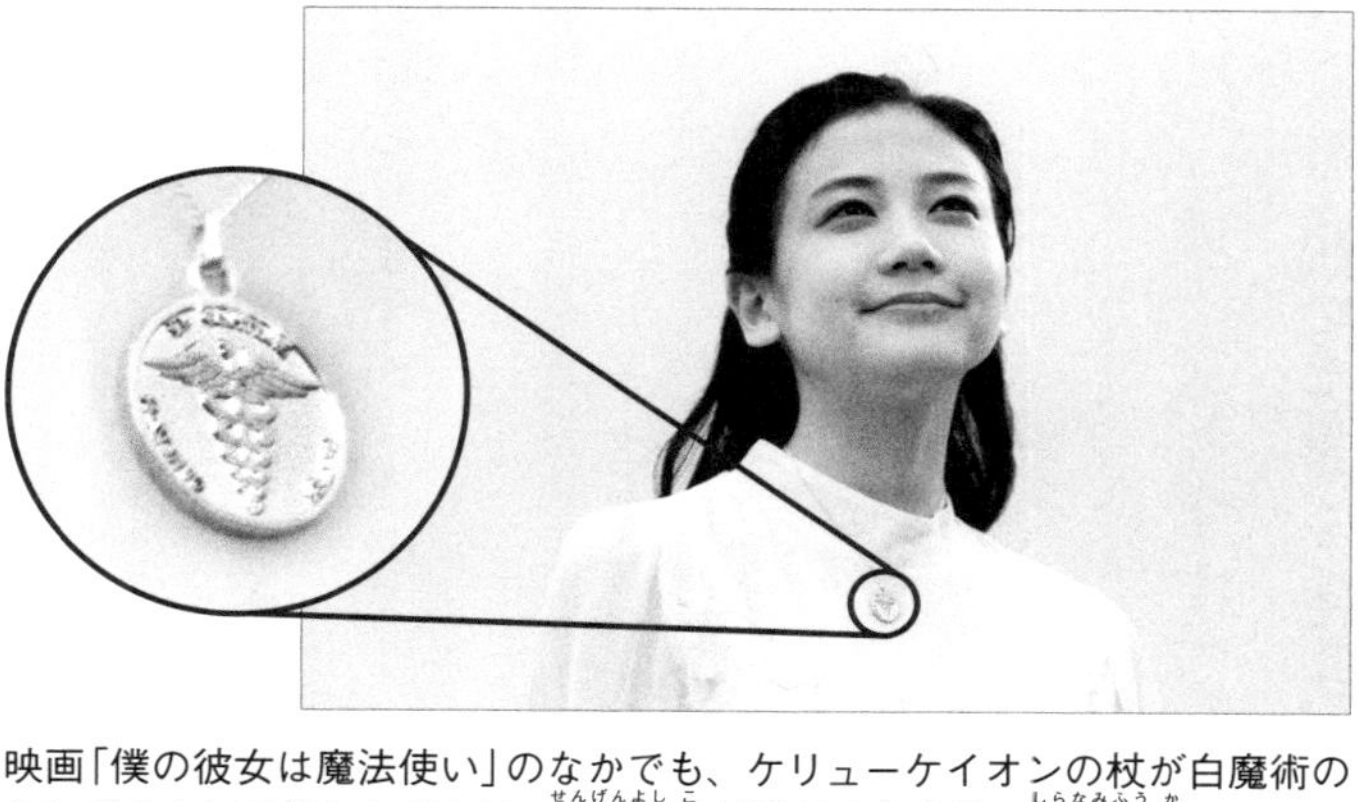

映画「僕の彼女は魔法使い」のなかでも、ケリューケイオンの杖が白魔術のシンボルとして使われており、千眼美子《せんげんよしこ》が演じる主人公の白波風花《しらなみふうか》のペンダントにも、杖の図柄がデザインされている。

でもあるからね。

斎藤　そのケリユーケイオンの杖は、『愛は風の如く』（前掲《ぜんけい》）では、霊界のオフェアリス神から、物質化して授けられたと書かれておりますが、そのようなかたちで頂いたのでしょうか。

ヘルメス　それは、〝ものの言いよう〟だよ。

斎藤　〝ものの言いよう〟ですか。分かりました。

ヘルメス　そんな細《こま》かいことは、言わないでよろしい。まあ、王であるから、それは純金製の杖をつくるぐらい、訳のないことではあるのでね。それは、宗務《しゅうむ》本部みたいなところの人につくらせたら、それで終わりですから。そんなもの気にしないで、持っていればいいわけで。

斎藤 分かりました。気にしません。

大川愛理沙 （笑）

ヘルメス でも、これは、あとで（霊言《れいげん》で）聞くかもしれない弘法大師《こうぼうだいし》（空海《くうかい》）で言えば、弘法大師だって、シャリンシャリンと、上に金《かね》の輪が付いた木の棒か何かを持っている。まあ、旅をするときには、あったほうがいいわけよ。そういうものを持ってい

錫杖《しゃくじょう》を持つ空海の像（四天王寺・大阪府大阪市天王寺区）。

るほうが、杖にもなるし、坂道も上がれるし、賊《ぞく》が来たときは叩《たた》き伏《ふ》せられるし、熊避《くまよ》けにもなるし、まあ、いろいろ、いいことはあるわけよ。
だから、昔からよく使われていたものではあるということで、その身分を表すために、ちゃんとした、もうちょっと立派なものがあったということかね。

斎藤　確かに、先ほども出ていましたが、「アロンの杖」という、モーセと兄アロンの持っていたものとか……。

ヘルメス　うん、そうね。持っていたね。

斎藤　さまざまなものを、大王と呼ばれる方は持っております。

ヘルメス いちおう何か持っていないとね、魔法をかけられている気分が出てこないわけよ。

斎藤 （笑）

ヘルメス だから、それは必要なわけよ。うん。

斎藤 分かりました。

映画「黄金の法」のヘルメスは弱すぎる？

斎藤 そうしますと、ヘルメス神の霊的なお力のエピソードと申しますか、どのようなものが、ご自身の黄金の記憶《きおく》のなかで……。

ヘルメス　いや、それは、（当時）持っていたものは、今はないからさ。昔は、何か幸福の科学でも錫杖とかをつくっていたと思うんだけどね。そんなものを持っていたら、あなたの頭をコツンと一回殴《なぐ》ってしまうだろう。持っていたら、やはり、やってしまうから、〝武器〟を持たせないようにされている状況《じょうきょう》だな（会場笑）。

でも、そんなマイクとかも、昔で言えば、〝魔法の道具〟みたいなものだよな。

斎藤　なるほど。

ヘルメス　「道具」というのは、いろいろあるもので、その人となりを表すものだ。（会場前方にある円形の光背《こうはい》を指して）これも、まあ、曼荼羅《まんだら》と言えば曼荼羅だよな。こんなものも、そんなところがあるしね。

まあ、あまり「物」にかかわるのは、ちょっと君らねえ、知性が低いよ。

斎藤　「物」に頼《たよ》ってしまって、すみません（笑）。サンダルとか、ケリューケイオンの杖とか言って、失礼しました。

ヘルメス　いろいろ「金《きん》」は使ったけどね。当時は、貿易の対価として、金でやっていることが多かったので、金は

本霊言を収録した特別説法堂前方の円形の光背。

豊富だったね。

大川愛理沙　エピソードとして、プロメテウスとの戦いで、ヘルメス様が火に囲まれたときに、「雨を降らせた」という話がありますが……。

ヘルメス　ああ、おたくのアニメね。

何か、ヘルメスが〝弱すぎ〟て、ちょっと腹が立ってるんだけど。

何だ、あれ。もうほんとに、ちょっと情けないというか、あれはいかんな。あれじゃ、まるで、ジャンヌ・ダルクが火あぶりに遭《あ》ったようなものの、もう寸前じゃないか。火あぶりのときに、そこで雨が降ったら、ジャンヌ・ダルクがヘルメスに変わるんだろうが。

もう、（火あぶりになる）ギリギリじゃない。あんなに弱くはないよなあ。

●**おたくのアニメ**　映画「黄金の法」（製作総指揮・大川隆法／2003年公開）。

あれはちょっと弱すぎるな。

まあ、「敵が強くて自分を危機に陥《おちい》らせるほど、観客が喜ぶ」ということはあるので、ああいうこともあるんだろうけれども。若干《じゃっかん》、何と言うか、物足りないものは、ないわけではないなあ。うーん。

ヘルメスが旅行で「見識」や「知見《ちけん》」を広げた理由

斎藤　ヘルメス神は、地中海貿易を行われました。先ほどの「商業の神」のお話のところで……。

ヘルメス　うん。やったよ。クレタっていうのは、地中海の真ん中にあるからね。

斎藤　はい。それで、さまざまな地域、遠いところはアフリカとか……。

ヘルメス　アフリカからも貴金属が来た。ダイヤモンドや、金とか銀とか、そういうものが採れたし、銅、ニッケル、鉄なども、いろいろ来たしね。それから、ヨーロッパ方面からも、北国の産物や、それから織物とか、いろいろなものもあって、交易はしていたのでね。

当時は、クレタ島あたりが貿易の中心点にあったんだな。

ヘルメスは貨幣《かへい》経済の原型を発明し、クレタ島を中心として、ヨーロッパ内陸部やアフリカ北部などと交易を行った。これによって、地中海地方には現在のEU（欧州《おうしゅう》連合）のギリシャ版ともいうべき経済圏が確立し、後世のヨーロッパの繁栄へとつながった。（左）映画「ヘルメス―愛は風の如く」より、ヘルメスが主導した国際貿易の様子。

斎藤　そういう意味では、先ほどヘルメス神がおっしゃられたように、「商業の神」とも、後代の私たちは聞いておりますし、また、「貿易の神」とも、遠くまで行かれるので「旅行の神」とも聞いております。

ヘルメス　うん。

斎藤　例えば、貿易を発明されたりした智慧《ちえ》や智謀《ちぼう》という点については、何か霊的な能力との関係というか、つながりはお持ちだったのでしょうか。

ヘルメス　アホなことを訊くなあ、君は……。まあ、しょうがない。

斎藤　（苦笑）

ヘルメス　旅行とかはね、まあ、仏陀《ぶっだ》もよく歩いていたようだから、「旅行の神」と言えば同じで、両者とも〝多動性〟だな、ある意味でな、うん。

斎藤　えっ、多動性ですか。

ヘルメス　うんうん。そして、「くたびれたら瞑想《めいそう》に入る」という、まあ、そういうことだな。

斎藤　（苦笑）

ヘルメス　「移動するのが好きだった」ということはあるなあ。なぜかというと、「新しい刺激《しげき》」を求める傾向《けいこう》が強かったということと、「いろいろな人と会いたい」という気持ちがあったからね。まあ、そういうところだ。

斎藤　「新しい刺激」と、「人と会う」というところですね。

ヘルメス　そうそうそう。見識を広めるためには、旅行がいちばんだよな。昔であれば、「本を読む」といっても限界がある。そんなものは大してないからね。

やはり、旅行をすると、いろいろな土地や、そのときの国の政治や、統治の仕方や、田畑など、そうした商業的なものから民《たみ》の暮らしまで、みんな分かるからね。だから、よその国の進んでいるところ、後《おく》れているところを見てくることによって、自分の国を改良することができるよな。そういう意味での「知見《ちけん》を広げる」ということはあったわな。

今はだいぶ効果は落ちていると思うが、それでも何十年か前ぐらいであれば、日本から海外、あるいは先進国のようなところに行った場合には、「十年後の日本が見える」ということで、「先進国で流行《はや》っているものを日本でやれば成功する」と言われていた。

アメリカでマクドナルドが流行っていたら、日本でそれをやれば、しばらくしたら流行り始める。アメリカでスターバックスが流行っていたら、日本でそれをやれば流行る。コンビニが流行っていたら、まねをすれば流行る。何かの家電が流行っていたら、それをやれば流行る。コンピュータが流行っていたら、それも、まねれば流行る。

まあ、こういうことがある。「文明の落差」があちこちであるから、そういうものを嗅《か》ぎ分けてくるようなところはあるわな。

だから、（四千三百年前当時の）ギリシャ本土のほうでは、例えば、音楽とかそういうものが、かなり進んではいたけれども、アフリカだと、レベル的には少し落ちるところはあったから、そういうものもまた、一種の交易の手段にはなりえただろうしね。

そういう「芸術的なもの」は、ヨーロッパのほうが少し進んでいたようには思うけれども、原材料的なものというか、資材というか、そういう原料のものは、アフリカのほうがいいものは多かったわな。

「神秘思想」や「神秘能力」は弟子《でし》の代になると分からなくなる

大川愛理沙　ヘルメス様の転生《てんしょう》での前身であるオフェアリス様の「復活

●**復活の奇跡**　オフェアリス（オシリス）は、弟のセトに騙《だま》されて肉体をバラバラにされるが、王妃のイシスが体の各部分を集めて包帯を巻き、祈ったところ、復活の奇跡が起きたという。この復活神話が、キリスト教の復活思想にも影響を与えたと言われている。『公開霊言　ギリシャ・エジプトの古代神 オフェアリス神の教えとは何か』（前掲）等参照。

の奇跡《きせき》」もございましたが、あのあたりから、神秘思想などが世界各地に広がっていったと思います。

ヘルメス　うんうん。

大川愛理沙　そのあたりの秘密について、お聞かせいただけたらと思います。

ヘルメス　いや、まあ、人間はバカだからねえ。一代たてば、もう話が分からなくなるわけよ。

仏教でもそうなっているけどね。釈迦《しゃか》は、かなりの神秘思想とか、そういう神秘能力を持っていたのに、弟子《でし》の代になったら、あっという間に「ただの人」になってしまう。〝哲学者《てつがくしゃ》〟になってしまうだろう?

そういうところがあって、人づてに聞くと、もう分からなくなる。自分に能力がないもの等については、分からなくなるからさ。だから、自分に理解できる範囲《はんい》内で、それを理解しようとするところがあるのでね。

私のときも、さまざまな奇跡がたくさん起きているんだけど、それを理解できない人にとっては、もう、しょうがないから、「魔法」ぐらいの感じで片付けてしまうことはあったのかもしれないね。

だから、「霊界に行って、旅行して帰ってくる」という話も、記述のしようがないから、「サンダルを履いて、空を飛ぶ」ぐらいにしか思えないようなところもある。

「ゼウス型」とは違《ちが》う「ヘルメス型」の行動様式

ヘルメス　あるいは、船とかも使ったけど、異国の地とかにもよく行って、回って帰っていたから、その「神出鬼没《しんしゅつきぼつ》の動き方」が、ちょっと不思議に見えたところはある。

それと、王様というのは、普通《ふつう》は「ゼウス型」で、軍隊などを引き連れて、ガッシ、ガッシ、ガッシと、いつも戦争の準備をしながら行くようなかたちが多かったけれども、私はどちらかというと、「ヘルメス型」といわれる、お忍《しの》びで行くタイプが好きなほうだった。今、大川隆法も、「お忍び型」で動くのが大好きなようではあるけれども。

それはなぜかというと、そのほうが世情《せじょう》がよく見えるからね。「王様型」

で、大勢で〝大名行列《だいみょう》〟をつくって行ったら、みんなが取り繕《つくろ》ってくるので、何も見えなくなる。〝いいところだけ〟を見せるように、必ずするからね。

だから、戦争とかがあるときはしかたがないけれども、戦争がない普段のときには、できるだけ身分を隠《かく》して、いろいろな所を見て歩いて、実地に知っておくことが大事だということだな。

それは、●（過去世《かこぜ》で）軍略家であったあなた（大川愛理沙）も、そういうことぐらいは知っているでしょう。

大川愛理沙　（笑）

●（過去世で）軍略家であった……　『ヤン・フス　ジャンヌ・ダルクの霊言』（幸福の科学出版刊）参照。

3　ヘルメス神が語る「魔法《まほう》の本質」

「原因と結果の関係」が見えないものが「魔法」と呼ばれた

村上　本日は、尊い機会を賜《たまわ》り、ありがとうございます。

ヘルメス　うん。

村上　お話をお伺《うかが》いしていますと、通常、われわれの思っている「魔法《まほう》」と、今、教えていただいた「神秘的な考え方」との間には、かなり隔《へだ》たりがあるように思います。

現代に至るまで、「白魔術《しろまじゅつ》」などの魔法を研究してきた人たちには、ヘルメス様の研究をしている人が多いと伺っているのですが、そのあたりの関係性といいますか、われわれは「魔法」というものを、どのようなものだと理解すればよろしいのでしょうか。

ヘルメス　まあ、目に見えないものが多いからね。「原因と結果の間が、どういうふうにつながっているのか」が見えないことが多いからね。それを理解するのに、そういう「魔法」ということにして理解しようとしているというこことだな。だから、超能力《ちょうのうりょく》の範囲《はんい》のものも、たくさんあることはあるけどね。「われわれは」なんて言うから、アハハハハ（笑）。何を言うのかと思ったら、そんなことか。

まあ、「理解できない人間」というのは、昔から存在するんですよ。だから、万能《ばんのう》の天才型の人とか、時代よりかなり先んじているタイプの人などの考えは読めないし、行動パターンも読めない。必ず人と変わったことをするようなタイプの人（の考えや行動）も読めない。「なぜ、そうなのか」が分からないのでね。それが分からなくなってくると、そうした「魔法」や「魔術」のせいにするということだな。

だから、今、「ネス湖の湖底にどんな怪獣《かいじゅう》がいるかを視《み》てこい」と言われれば、実際に視てこられるわけだし。ねえ？

大川愛理沙　はい。

大川隆法「遠隔透視シリーズ」

左から『遠隔透視　ネッシーは実在するか』『ネバダ州米軍基地「エリア51」の遠隔透視』『ダークサイド・ムーンの遠隔透視』『中国「秘密軍事基地」の遠隔透視』（いずれも幸福の科学出版刊）。

ヘルメス　「ヒマラヤに雪男《ゆきおとこ》がいるか」と言われれば探すし、「宇宙人は来ているのか」と言われれば、地球の成層圏外《せいそうけんがい》まで探索《たんさく》するし。

まあ、自由にやるけれども、「それを描写《びょうしゃ》して、人に伝えるとどうなるか」ということになるわな。「サンダルを履《は》いて空を飛んだ」とか、いろいろやり方はあろうかと思うけれども、まあ、道具に頼《たよ》って考えるのは、近現代が唯物的《ゆいぶつ》になってきた証拠《しょうこ》ではあろうし。

魔法使いになるのに、「グツグツとカエルを煮《に》たり、蛇《へび》を煮たり、トカゲを煮たりして、その薬を飲めばなれる」みたいなのは、ちょっと甘《あま》いことは甘いが、医者の幻想《げんそう》も多少入っているわなあ。まあ、そういうものを食ったり飲んだりしたら頭が狂《くる》ってくるから、世界が変容して見えるところはあるのかもしらんがな。

「一対多」で同時に大勢の人を救っている神々の仕事

大川愛理沙　やはり、魔法というか、その神秘的な力というのは、「思いの力」とか、何かそういうものから来るのでしょうか。思ったら、そのように動いていくようなものなのでしょうか。

ヘルメス　私もそうだし、釈尊《しゃくそん》などもそうだけれども、動物の心も読めたからね。動物の心が読めたということは、向こうの心を動かすこともできたので。

だから、実際に目の前にライオンが現れたり、トラが現れたりしても、心でトラと会話ができるので、トラが襲《おそ》わずにUターンして帰っていくようなことが、現実に起きるわけね。

動物園の飼育員がそれを見たら、何か魔法を使ったようにしか見えないだろうね。

そうした、「動物に命令したら、そのとおりに動く」というような、動物の心が読めて動かせる力があれば、ましてや普通《ふつう》の人間の場合は、集団催眠《さいみん》的なものにかかるようなところはあるわな。

（意図的《いとてき》に）そうしているわけではないんだけれども、現実にそういう能力があるわけで、これは、「観世音菩薩《かんぜおんぼさつ》」の能力と似たものがある。「大勢の人の願いや、悩《なや》みや、心の思いを聞き取ることができる」ということは、「それに応《こた》えることもできる」ということだわな。

大川愛理沙　なるほど。

ヘルメス　それをこの世的に翻訳《ほんやく》すると、もう、「超高速で飛んでいるスーパーマン」のような存在にでも描《えが》かないかぎり、描くことはできないわね。

大川愛理沙　はい。

ヘルメス　あなたがたは、「一対一」でしかできないと思っているだろう？

大川愛理沙　そうですね。

ヘルメス　だけど、われわれの世界は、「一対一」なんかでは、とても神様の仕事はできやしないのさ。だから、自分の能力を多数に分散させつつ、世界各地で〝同時に〟仕事をやっているんだよ。
あなたがたがそれを理解するのは、そう簡単なことではないだろうなあ。
「全身が耳であり、目であり、手であり、足である存在」なんだな。

並外れた能力を持つ人に対する「偉人信仰《いじんしんこう》」

大川愛理沙　神々は、人々の願いを叶《かな》えるとき、どのような方法というか、どういうかたちで叶えていらっしゃるのでしょうか。

ヘルメス　少なくとも、人間には「神」という概念《がいねん》がよく分からないので、まずは、「歴史上の偉人信仰《いじんしんこう》」あたりから始まるわけだね。
この普通ではない、extraordinary《エクストラオーディナリー》な（並外れた）能力を発揮した人を

「偉人」と見るわけだ。

それだけの力を発揮して仕事ができたということは、「普通の人間を超《こ》えた力が働いている」と考えたり、さらに、魂《たましい》を認める立場から見たら、「そのなかには、神様、あるいは、それに近い高級神霊《しんれい》が宿ったから、そうなったのではないか」というように考えたりするわけだよね。

だから、アインシュタインのような百年も前の人（の理論）であっても、今、百年後のあなたがたの多くは、アインシュタインのあの方程式が理解できないでいる。百年前の人の思想が理解できないのは、まことに残念であるけれども、そういうこともあるわけだ。

もっと言えば、二千数百年前に地球の円周を計算した人だっているけれども、いまだに、そんなものはどうしたらいいのか、二千数百年後のあなたがたでもなかなか理解できないだろう。こういうことはあるよね。

●二千数百年前に……　地球の外周を初めて測定した人物とされているのは、ギリシャ人の学者エラトステネス（前275年頃～前194年頃）である。数学、地理学、天文学、哲学《てつがく》、詩など幅広い分野で活躍《かつやく》した。

あとは、気象予報士とかが気象の予報をすると、今は精度が上がってきたからだいたいは当たるけれども、一昔前は、「食べ物を食べて、食あたりをしそうになったときは、『天気予報、天気予報』と唱《とな》えれば、あたらなくなる」とかいう笑い話もあったぐらい、外れるものだった。それが、最近はよく当たるようにはなってきているわな。

この天気予報、気象予報士の仕事なんかも、昔だったら、これはもう、「呪術《じゅじゅつ》や魔法の世界」にかなり入っていたからね。

だから、今のレーダー的な機能というか、人工衛星的な機能で、どのように移り変わるかが見えたら、明日《あした》の天気も明後日《あさって》の天気も、だいたい予想はできるようにはなるわな。そのように、先が読めれば予想ができるし、上空からの景色を見れば、そういうこともできる。

もっと言えば、われわれは「天候自体を変える力」も持っていると言えば、持っているところもある。まあ、このへんは、たぶん理解ができないであろう。

ただ、あなたがたのなかにも、怒《いか》りを多発する人で、地震《じしん》とか火山の噴火《ふんか》とかを、しょっちゅう起こしたがるような人もいるとは聞いているけれども。

大川愛理沙 （笑）

ヘルメス そういうこともあるかもしれないけどね。

「魔法《まほう》的なもの」とは、「未来の発明」を先取りしたもの

ヘルメス とにかく、「霊的なものが、どういうかたちでこの物質界に影響《えいきょう》

●あなたがたのなかにも、怒りを多発する人で……　『阿蘇山噴火リーディング』『大震災予兆リーディング』『箱根山噴火リーディング』（いずれも幸福の科学出版刊）等参照。

を及《およ》ぼしてくるか」というメカニズムは、非常に難しいものがある。

だから、私たちが使っていた「魔法《まほう》的なもの」というのは……。現代で言えば、テレビだとか、ラジオだとか、インターネットだとか、ファクスだとか、携帯《けいたい》電話だとか、スマホだとかがあるけれども、こんなようなものも、ちょっと前の人、百年前の人が見たら、みんな〝魔法〟にしか見えないだろう。それは魔法でしょう。テレビの〝箱〟のなかに姿が映っているというのは魔法にしか見えない。

そういうふうに、理解できないものはみんな魔法に見えるわけだからね。

大川愛理沙　なるほど。

ヘルメス　だから、私の「霊界《れいかい》飛行」というか、「（霊界を）行ったり来たりする能力」は、確かに、実際に「霊界との交通」でもあったわけだけれども、逆に、今の世界で言えば、「電波」のようなものでもあると言えるわけね。

それによって、遠隔《えんかく》の地が視える。例えば、今、アメリカで何が起きているかは、テレビをつければ映るでしょう? これは、〝ある種の魔法〟だな、昔で言えばね。

そういう遠隔の地が視える人もいたということだな。

その「魔法」といわれているものの大部分は、その後、人類が進化するにつれて、実際にいろいろなものを発明していく際の、みんなが願うこと、「未来に発明されたらいいな」と思うようなことを、先取りしていたと言ってもいいかもしれないね。

魔法《まほう》とは「この世に降りたる神」の能力の一部

ヘルメス　あと、「霊界とこの世とのかかわりを解き明かせる」というか、「その関係性を理解して、それを、どのように使うことができるか」という能力を持っている人が、基本的には神なんですよ。

だから、「この世に降りたる神」というのは、だいたい、「霊界との交流ができて、霊界の智慧《ちえ》をこの世に降ろすことができる人」のことであり、「死んで地上を去った後《のち》に、また、この世の人たちを指導して治める人たち」なんだな。

だから、「魔法使《まほうつか》い」というのは、能力のごく一部に絞《しぼ》って言っているわけで、だいたい、その空中浮揚《ふよう》的なもの、あるいは、遠隔地を透視《とうし》したり、霊体《れいたい》的に移動したりする能力を、魔法使いの機能の一つとして捉《とら》えられているものだ。

これは、やがて、「空を飛びたい」という願望に変わって、現代ではそれが実現されているのだろうとは思うけどね。

大川愛理沙　はい。

ヘルメス　あとは、（霊体が）体から抜《ぬ》けているときに、実際上、空を飛ぶことがある。まあ、そう高いところではないことが多いけれどもね。

死んだ直後の人とか、まだ霊子線《れいしせん》が切れていないレベルの人たちは、例えば、病院で死んで、霊柩車《れいきゅうしゃ》に乗せられて死体が運ばれていくとき、その上を飛んで火葬場《かそうば》までついて行ったり、あるいは、自宅で葬式をやるときに、そ

●**霊子線**　霊体《れいたい》（魂《たましい》）と肉体を結ぶ霊的な糸のこと。「シルバー・コード」ともいわれる。これが切れるときが人間の本当の死であり、心臓停止後、一日ぐらいかかることが多い。

こまで飛んでついて行ったりする。

そういう経験をすると、魔法使いのあの感じがよく分かるだろうとは思うけどね。

あとは、化学的なことでは、中世には錬金術《れんきんじゅつ》的なことをやっている者がずいぶん多かったけれども、それは、ある意味では当たっていて、ある意味では当たっていないところがある。

鉛《なまり》を金《きん》に変えようとするようなことを、一生懸命《いっしょうけんめい》、錬金術でやっていて、今でもそれはなかなかできないことではあるけれども、実際に、神は中空から物を物質化することができたわけであるから、「この世のあらゆるものは、実は、神の念《おも》いによって現象化したものだ」と言

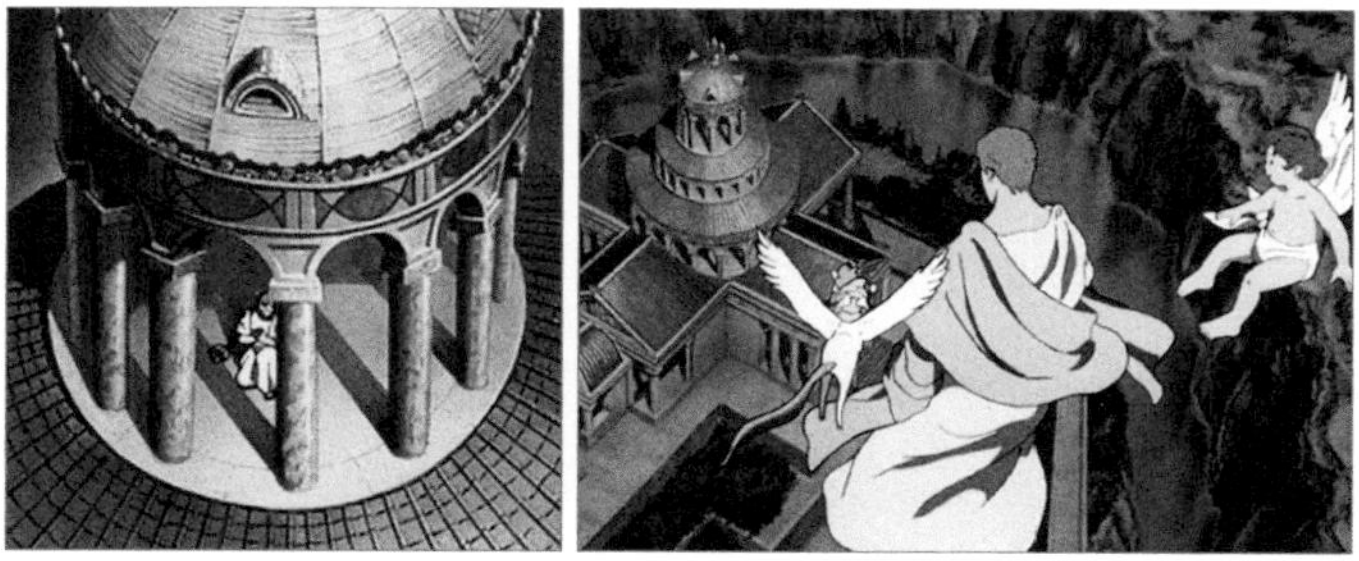

(上)映画「ヘルメス―愛は風の如く」より、肉体を地上に残したまま、霊体だけが肉体から抜け出し、空を飛ぶヘルメス。

うことはできる。

その現象の能力を取り出すことができれば、ある意味では、何でも物質化することはできるはずだということ。

大川愛理沙　はい。

ヘルメス　それができなくなったのはなぜかというと、「この世で、五官《ごかん》で感じ取れるものが実在で、五官で感じ取れないものは実在ではない」という考え方が人間のなかに浸透《しんとう》していて、自分自身がそうした一種の催眠術にかかっているために、「できない」と思っているわけなんだね。

だから、「それはできるものだ」と、みんなが思い始めると、いろいろなことが起き始めるということだね。

大川愛理沙　はい。ありがとうございます。

4 「心を支配する」という魔法《まほう》

「相手が見たいもの」や「自分が見せたいもの」を見せる能力

大川愛理沙　もう一つ、催眠術《さいみんじゅつ》的なことに近いと思うのですが、マイティ・ソーの弟にロキ●という方がいらっしゃいます。その方は、魔術《まじゅつ》というか、人に対して幻術《げんじゅつ》を使えるような方だったと思うのですが、そういう魔法は、どのようなものなのでしょうか。

ヘルメス　一般《いっぱん》的には、ロキは「変身能力」が強かったのと、ちょっと知恵《ちえ》があったので、「いろいろと策を立てることもできた」ということはあると

●ロキという方が……　『マイティ・ソーとオーディンの北欧神話を霊査する』（前掲）参照。

思うし、「道具などを開発する能力」も非常に優《すぐ》れていて、やや宇宙技術的なものも持っていたということが言えるかと思う。

ただ、この「変身」というのは、実は、「本当に変身しているかどうか」は分からないんだよ。「相手の目には、そう見える」ということがあるわけでね。

「相手には、そのように見える」というのは、ベガ星などで特に強い能力の一つだけど、本当の姿は分からず、相手は「自分が見たいもの」を見ているだけということだよね。「自分が見たい世界」「自分が見たいもの」を見ている。

これは、抽象的《ちゅうしょう》な言い方だけど、現実にはそうなんだよ。

君だって、自分が見たい世界を見ているにすぎなくて、別の人から見たら、別の世界が見えているんですよ。

だから、「相手にどういうふうに見えるか」というところは、いろいろではあるわな。

そういう意味で、催眠術にかけるようなこともあるけれども、「相手は自分が見たいものを見ており、こちらは相手に見せたいものを見せている」ということですね。

大川愛理沙　なるほど。

ヘルメス　だから、今日、こういう話を聴《き》いて家や会社に帰って、「今日のヘルメスとの対話はどうでしたか」と訊《き》かれたら、「ヘルメスというのは、すごく、スラッとしたイケメンでした」と言うこともできるし、「ずんぐりむっくりしていました」と言うかもしれない。

あるいは、「(大川総裁が)エーゲブルーの服を着ていたので、これを見ているうちに、何か、エーゲ海に行って話をしていたような気がします」というように見える場合もあるということだね。

これが人間の心の不思議で、人間が自分の心だと思ってつかんでいるものも、本当は全部ではなくて、そのごく一部しかつかんでいないし、自分の意思で動かしているものは一部にしかすぎない。

自分の意思で動かしていない、その無意識世界の部分は、そうした法力《ほうりき》というか、〝スーパーナチュラル（超《ちょう》自然）な能力〟を持った人にとっては、自由に動かすことができるようになるので、その人が自分の記憶《きおく》だと思っていることが、実は、そうではないことがありえるということだな。

強い念力《ねんりき》や念波《ねんぱ》は、周りの人の想念を支配する

大川愛理沙　その「心の秘密」に関して、われわれが普段《ふだん》生きているなかで、間違《まちが》った価値観でがんじがらめになっていたり、勘違《かんちが》いしたりしているようなことがありましたら、教えていただきたいと思います。

ヘルメス　例えば、あなたが、「私は美人だ、私は美人だ」と思いながら道を歩いていたら、みんな、だんだんそう見えてくるようになる。

大川愛理沙　（笑）本当ですか。

ヘルメス　うん。だから、「私は美人じゃない」と思って歩いていたら、みんな、そういうふうに扱《あつか》い始める。

発信している念波《ねんぱ》に、みんなが支配を受けるんですよ。念力《ねんりき》が強くなると、ねじ曲がってくるから、だいたいそう見えてくる。

大川愛理沙　そうなんですね。

ヘルメス　うん。だから、あなたが、「私はアメリカ大統領夫人だ」と思ってユニバーシティ（HSU）のなかを歩いていると、先生がたはみんな道を開けて、

●HSU（ハッピー・サイエンス・ユニバーシティ）　2015年4月に開学した「日本発の本格私学」。「幸福の探究と新文明の創造」を建学の精神とし、「人間幸福学部」「経営成功学部」「未来産業学部」「未来創造学部」の4学部からなる。千葉県長生村《ちょうせいむら》（上左）と東京都江東区（上右）にキャンパスがある。

「ははっ！」とし始める。

大川愛理沙　（笑）なるほど。

ヘルメス　念力が強くなると、そうなる。

大川愛理沙　念力が強くなると……。

ヘルメス　そうなる。そう見えるから。

大川愛理沙　そうなんですね。

ヘルメス　うん。マスターすれば、その能力はどこまでも高まるから。

大川愛理沙　なるほど、なるほど。

「人を幸福にする白魔術《しろまじゅつ》」と「人を不幸にする黒魔術《くろ》」

大川愛理沙　地上世界で生きていると、心がけっこうブレてしまったりするのですが、心を上のほうに向けて持ち続けていると、違ったものが見えてきたりするのでしょうか。

ヘルメス　うーん、まあ、そこまでできない人は、〝象徴《しょうちょう》的なもの〟を何か使いながらやるというのが一つだけどね。

王冠《おうかん》を被《かぶ》れば王様に見えるし、金《きん》の錫杖《しゃくじょう》を持てば王様に見える。そういうところがあるので、そのように見せる場合もあるし、おそらく、手品師《てじなし》なども、非常に人の目を引くような格好をしたりして、目を錯覚《さっかく》させることは多いのではないかと思う。

実際、(手品師は観客に)見せてはいけないものは見せないで、ほかのものを見せるように、だいたいするわね。

大川愛理沙　ああ。

ヘルメス　例えば、「右手に注目させておいて、実は、左手のほうが別なことをやっている」みたいなことはあるよね。右手をパッと上げると、みんな、そちらを向くわな。だけど、実際は、大事なことは左手がやっているというようなことはあるわけですよね。

こういうことで、「人の心を、どういうふうに操縦《そうじゅう》するか」ということをマスターすれば、いろいろなことができるようにはなる。

大川愛理沙　どんなことができるようになるのでしょうか。

ヘルメス　簡単に言えば、宗教家の説法《せっぽう》というのも、何千何万という大勢の人の心を〝操縦〟しているところがけっこうあるわけで、その霊的《れいてき》なバイブレーションでみんなを感動させたり、熱意を抱《いだ》かせたり、導いたりしているわけだね。

それが結果的にいい方向に向いている場合は、いわゆる「白魔術《しろまじゅつ》」といわれるものになり、悪いほうに行くなら、「黒《くろ》魔術」といわれるものになる。

その人の話を聴いて、みんなが魔法にかかったようになるんだけれども、例えば、投資詐欺《さぎ》みたいに、「この金融《きんゆう》商品を買えば、大儲《おおもう》けして家が一軒《けん》建ちますよ」という話にみんな騙《だま》されて、ワッと飛びついて大損するのなら、それは何か黒魔術的なトークを使っているということだわな。

大川愛理沙　はい。

ヘルメス　でも、「これをやれば、あなたがたは大金持ちになれますよ」と言っても、実際に「正しいプロセス」で、「正しい結果」としてそういうふうになることを勧《すす》めて、みんなを説得してそちらに導いたならば、これは白魔術ということになるわな。

だから、「人々が幸福な方向に行くか」、それとも、「相手を陥《おとし》れて不幸にすることを目的として、自分の得のためにやっているか」、このへんが「白」と「黒」の分かれ目ではあるわけだね。

大川愛理沙　はい。

ヘルメス　セールスマンでも能力の高い人になってくると、だいたい、ある程度の「魔力」はみんな持っているわけで、「説得の魔力」のようなものを、みんな持っているわけなんですよ。だから、「なぜ、心を動かされるのか」の理由は、みんなも、はっきりは分からないんですよ。

だけど、〝白い方向へ〟行くか、〝黒い方向へ〟行くかは、はっきりと、結果としては出てくるだろうね。だから、「黒い想念」を中心に人を動かしている者は、やはり、〝地獄《じごく》の使者〟になっていくであろうということかな。

医師の余命宣告は「呪《のろ》い」のようなもの

斎藤　霊的なバイブレーションを上げる訓練のようなものは、何かあるのでしょうか。

ヘルメス　まあ、それは、「訓練」はありますよ。

斎藤　よき方向にバイブレーションを上げていくためには、どのような訓練をすればよいのか、教えていただけると本当にありがたく思います。

ヘルメス　毎日、「自分の心」というものを支配する訓練をすることですよね。

だから、何でもいいですが、パンチをすれば腕《うで》の力は強くなるし、歩くなり走るなりすれば、脚《あし》の力は強くなる。同じように、「思いの力」も訓練していけば強くなるという、それだけのことだね。

「思いには力がない」と思っている人にとっては、力はない。しかし、「力がある」と思う人にとっては、力がある。

だから、その魔法的な力を使えば、例えば、医者だって、「この病気はよくなる」というふうに強く信じて治療《ちりょう》に当たれば、病気が治る確率は高い。

しかし、悪いことばかりを想像して、「これはすぐに亡《な》くなるのではないか。もうほとんど生き残る可能性はない」と一生懸命《いっしょうけんめい》に言っていたら、これはspell《スペル》（呪文《じゅもん》）や、あるいは呪《しゅ》、呪《のろ》いをかけたのと同じような状態で、現実にそのとおりの「悪い結果」を引き起こすこともあるわな。

医者のなかには、そういう者は多いわね。減点主義で、悪い結果を思う者が多いから、病院に行ったら、「もう、九十パーセント死にます」とか、「もう、生存確率は一パーセントです」とか、「三カ月以内に死にます」とか、すぐ言われる。これは一種の「呪《しゅ》をかける」という行為《こうい》に当たるわけだ。

これに対して、宗教家のほうは、「そんなことはない」、「これを治すぞ」、「絶対よくなりますよ」という思いをかけることで、医者にかけられた悪い呪、呪いを解いているわけだね。

大川愛理沙　なるほど。

ヘルメス　それは呪いを解いているわけだけど、逆に、自分の心がそちらの（悪い）ほうに染まっていくと、体はだんだんそちらのほう、命令を受けたほうに動いて変化していきますから、三人ぐらいの医者に、「あなたは確実に死にます」と言われたら、たいていの人は死にますよ。暗示にかかるのでね。

5 経営や発明・発見のなかにある魔法《まほう》

「戦略・戦術」や「兵法」も魔法のようなもの

斎藤 今の流れでお訊《き》きしますが、悪いものと出会ったとき、例えば、悪いことを思っている人が目の前にいるときに、それを止《と》めたり、いい方向に善導《ぜんどう》したり、その人に憑《つ》いている悪いものを追い払《はら》ったりするには、どうしたらよいのでしょうか。

例えば、ヘルメス神は、五十倍の勢力を持つミノス王の軍勢と戦って、勝利されました。まだ小さかったヘル

映画「ヘルメス―愛は風の如く」より、地中海地方を恐怖に陥れたミノス王と戦うヘルメス。

メス軍が、ミノス軍を倒《たお》しました。
　そのように、神の意向に反する者と対面したときに、ドーンとぶつかって勝つための、その「思いの出し方」というのは、どのようにすればよろしいでしょうか。

ヘルメス　何でも、始まりは一人だからね。一人から始まって、それで同志ができ、だんだん「思いの力」で軍隊もできてくるということがあるし、軍隊ができたら、次は、軍隊の「戦略・戦術」っていうのがあるだろう。
（大川愛理沙を指して）あなたも得意だろうけど、戦略・戦術を使える参謀《さんぼう》とか大将とかいうのも、別の意味で〝魔法使《まほうつか》い〟に当たるわけでして、知らない兵法を使

ミノス軍の大軍に斬り込むヘルメス（中央）。

われたら、相手は魔法にかかったように急に敗れてしまうわけですね。「孫子《そんし》の兵法」、その他の兵法もみんな、〝魔法〟と言えば〝魔法〟なんですよ。知らない人は、あっという間に負けてしまう。

将棋《しょうぎ》や碁《ご》でも同じようなことはあるわけで、定跡《じょうせき》（定石）という〝必ず勝てるルール〟があって、それを知っている人は簡単に相手を負かせるけど、それをまったく知らない人、聞いたことも見たこともない人にとっては、自分がなぜこんな簡単に負けるのかが分からないうちに、あっという間に負けてしまう。

「魔法」といわれるものも、実際は「勝てるための手順」であって、それを知っている者にとっては当たり前のことなんだけれども、知らない者にとっては、「いつの間にか負けてしまった」という感じになってしまうわけですね。

天上界《てんじょうかい》にある「成功の方程式」を使った例①――韓信《かんしん》

ヘルメス　だから、韓信《かんしん》とか、ああいう人も、〝魔法使い〟と言えば〝魔法使い〟ですよ。そうとしか言えないですよ。「小よく大を制す」を何度もやっているでしょう？　少ない勢力で相手に勝つ。相手が予期していないときに攻撃《こうげき》をする。相手が予期していない兵法を使う。

こういうことで、相手をまんまと負けに引き込《こ》んでいる。本人の計算のなかでは「百戦百勝の計算」は立っているけど、相手には分からないわけだ。

例えば、「背水《はいすい》の陣《じん》」みたいなものがある。

向こうも「孫子の兵法」を読んでいて、「川を背にして陣を敷《し》くと、敵に攻《せ》められたら川に飛び込んで溺《おぼ》れ死に、全滅《ぜんめつ》する」というふうに書いてある

●**韓信**（前3世紀～前196）　中国・秦《しん》代末期から前漢《ぜんかん》初期にかけての武将。劉邦《りゅうほう》の大将軍として無敵の強さを発揮して漢王朝成立の立役者となり、宰《さい》相《しょう》の蕭何《しょうか》や軍師の張良《ちょうりょう》と共に「漢の三傑《さんけつ》」とされる。

から、向こうもそれは知っている。

そこで韓信は、それを知った上で、「こちらが川の前に陣を敷けば、向こうは油断するだろうな」と考えて、あえてそうする。

すると向こうは、「あいつは兵法を知らんな」ということで、高慢《こうまん》な心を持って油断する。「これなら楽勝で勝てる。兵の数もこっちが多い。一気に攻めかけて川に追い落としてしまえば全滅だ」と思って、ウワーッと攻めてくる。

ところが、韓信は兵のうち二千人を割《さ》いて遠回りさせ、相手の後ろのほうに回り込ませた。そうして挟《はさ》み撃《う》ちにしたら、なかにいる敵はどっちに逃《に》げたらいいか分からなくて、両側から攻められて潰《つぶ》された。そういうことがあったね。

大川愛理沙 はい。

天上界《てんじょうかい》にある「成功の方程式」を使った例②──カエサル

ヘルメス あるいは、古代ローマのカエサル（シーザー）の戦いを見ても、そうですね。

ガリアの民《たみ》を征服《せいふく》するときの戦いでは、敵が城のなかに籠城《ろうじょう》しているところに、さらに、外からその敵の援軍《えんぐん》がやって来るということで、これは逆のケースだね。挟み撃ちになって、絶対に全滅ですよね。

城のなかにいる人は、持ち堪《こた》えれば、外から仲間が来てローマ軍を攻めてくれるから、挟み撃ちにできる。外から攻めて、城のなかからも出て行って倒せば、潰せるよね。向こうにとっては絶対に勝てる「必勝のパターン」な

●カエサル（ジュリアス・シーザー）（紀元前100～同44） 古代ローマの将軍、政治家、文人。ガリア平定後、終身独裁官となる。主著『ガリア戦記』。

のに、カエサルはこれを破っている。

カエサルは、内側に（城を囲む）〝塀《へい》〟をつくり、外側にも（敵の援軍を防ぐ）〝塀〟をつくり、〝二重の塀〟をつくったので、城のなかに立て籠《こ》もっている敵は一歩も出られない。ヘリコプターのない当時であったならば、補給がまったくないから、飢《う》え死にするのは確実だ。外側にも〝塀〟をつくることによって、外側にいる敵が自分たちを攻撃できないようにすると同時に、なかに立て籠もった敵に対して、補給をつけることができないようにした。

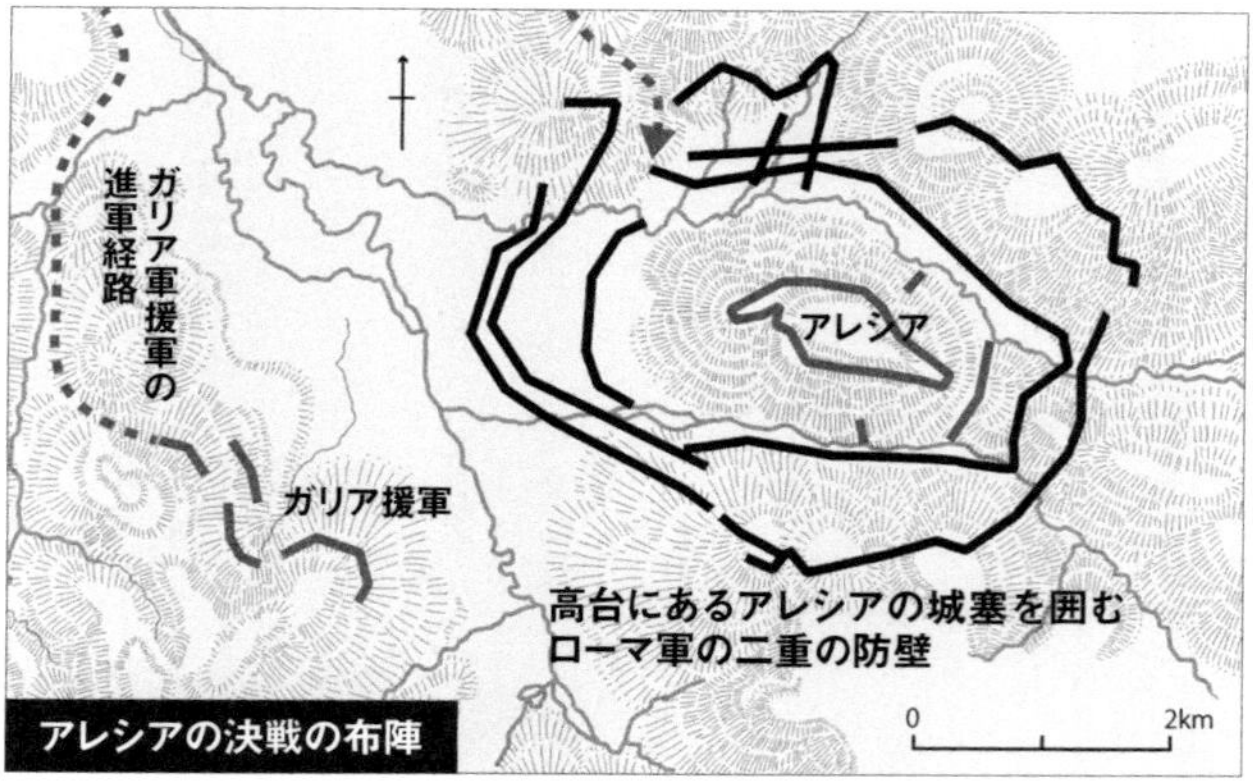

ガリア遠征・アレシア決戦の布陣。カエサルは、８万の敵が立て籠《こ》もる城塞《じょうさい》都市の周りに防壁《ぼうへき》を築いて孤立させた。さらに、その外側にも防壁と櫓《やぐら》を築くことで、25万の敵の援軍に対して守りを固めつつ戦った。

このかたちで、数万人という少ない人数で、約三十万人の敵軍を破っている。韓信が「背水の陣」でやったのと〝逆のバージョン〟をやっています。そういうふうに、一種の、魔法は魔法なんですよ。「どういう戦い方をすれば勝てるかが見える」ということは、〝一種の魔法〟でして。

ただ、魔法だけれども、実は、この世の人が分からないだけで、天上界《てんじょうかい》にある幾《いく》つかの「成功の方程式」を使っているだけのことではあるわけですね。

魔法《まほう》は、現代的には「経営の法」のなかにもある

ヘルメス　これは「軍事」での兵法ですけれども、「ビジネス」でそれを応用する人だっているわけです。
経営書はいっぱい書かれていても、読み方は兵法書と一緒《いっしょ》で、みんなが読

んでも、分かる人と分からない人がいて、「自分の会社になったら、これはどう当てはまるのか」ということが分からないところがある。例えば、「ライバルが出てきたら、どう使えばいいか」ということが分からない。まあ、こういうところがあるわけね。

だから、魔法《まほう》というのは、現代的には、そういう「兵法」とか「経営の法」のようなものにも存在しているわけです。

「考え方」で無借金経営もできれば、借金過多で倒産《とうさん》することもできるわけで、要は「考え方」なんですよ。

そういうことで、結局、「目に見えない方法」によって、成功を収めたり、失敗をしたりすることがあるわけね。そして、こういうものは、もう理解が不能になると、みんな「魔法」として扱《あつか》ってしまうわけね。

この世的に見れば、ある意味ではＩＱ（知能指数）が高いのかもしれないし、あるいは、この世的に言わなければ、「先が見える高級神霊《しんれい》たちが、天上界からいろんな啓示《けいじ》・インスピレーションを降ろしていたから、そういうことを思いついた」というふうにも言うことはできるわね。

新技術の「発明・発見」も〝一種の魔法《まほう》〟

ヘルメス　今は、電球とか、こんなのは当たり前のものだけど、わずか百数十年前にエジソンが白熱電球を発明するまでは、夜は闇《やみ》に支配されていて、ロウソクの灯《ひ》ぐらいしかなかったわけですからね。「そういうものができる」と思わなければ、できなかったところはある。

人類の長い歴史のなかで、夜は闇の支配する世界、百鬼夜行《ひゃっきやこう》の世界であって、魔《ま》もたくさん出られたのが、明るくなることによって出にくくなったわけだね。

このように、「他人《ひと》が見えないもの、思いつかないものをつくり出す」というも、ある種の「発明・発見」、あるいは「定理・ルールの発見」というものも、〝一種の魔法〟に相当するわけだね。

今、ジェット機が空を飛んでいるが、あんな鉄の塊《かたまり》、あるいは超合金《ちょうごうきん》かもしらんけれども、合金の塊は羽毛より重いでしょうよ。「鳥の羽より重いものが空を飛ぶなんて考えられない」というのが、普通《ふつう》の人間の力ですよね。

ところが、流体力学を勉強して、「翼《つばさ》の付け方によって、空気が揚力《ようりょく》になって働けば、飛行機は空を飛ぶことができる。後ろにジェット噴射《ふんしゃ》をすることによって、前に進むことができる」という原理に気がつけば、その重いものが空を飛ぶ。

あるいは、戦艦《せんかん》みたいな鉄の塊でも、浮力《ふりょく》の計算によれば、海に浮《う》くわけね。「鉄は水には浮かないものだ」と、みんな思っている。鉄を水に入れると必ず沈《しず》む。これは常識だよね。

ところが、「一定の容積の分だけ排水《はいすい》したら、その分だけ今度は浮力が出てくる」ということを物理学的に知った人にとっては、「いや、鉄の船でも浮きますよ」ということが分かる。

知らない人にとっては、「そんなバカな」ということだね。

魔法《まほう》のような超威神力《ちょういじんりき》を持つ人を「神」と呼ぶ

ヘルメス　こういうことで、「未来にある原理とか、まだみんなが気がついていないことを、いち早く悟《さと》ったり、インスピレーションとして受けたりしている者にとっては、魔法《まほう》を行《ぎょう》じているがごとく、いろんな道が開けてくる」ということになるわな。

そうした超威神力《ちょういじんりき》を持った人のことを、「神」ということが多いということではあるわね。それが、本来の神なんだ。

天皇家みたいに、「(天照大神《あまてらすおおみかみ》の)肉体的な子孫《しそん》というだけで、神格を持っている」というふうな信仰《しんこう》もあるわけだけれども、かたちだけで中身のところが伴《ともな》っていないから、結果は、日本神道《しんとう》の教えは〝中空構造〟になっているというか、〝なかが空《から》っぽの構造の信仰形態〟になっているわね。

6　発展・繁栄《はんえい》の神ヘルメス

ヘルメス神から見た空海《くうかい》

大川愛理沙　先日、「アドラーの霊言《れいげん》」があった関係で、『「ユング心理学」を宗教分析《ぶんせき》する』（幸福の科学出版刊）を読み返したのですが、ユング様は、その霊言のなかで、「ヘルメス様の時代に、魔法使《まほうつか》い的な面で関係があった」というようなことを述べていました。

また、ユング様の過去世《かこぜ》は空海《くうかい》様だということです。

●アドラーの霊言　『公開霊言 アドラーが本当に言いたかったこと。』（幸福の科学出版刊）参照。

●ユング（1875～1961）　スイスの精神科医・心理学者。深層心理について研究し、分析心理学の理論を創始した。特に、「集合的無意識」の研究に取り組み、夢分析を重視した。『元型論』『自我と無意識』など、著書多数。

「空海は、リエント・アール・クラウド王にスピリチュアルなもので何か影響《えいきょう》を与《あた》えた」というお話もあったのですけれども、この方はどうなのでしょうか。

ヘルメス　神官みたいな人だね。まあ、いろいろいたから、それは、いたかもしれませんね。

（空海は）日本人には尊敬されている方であろうけど。仏教の流れを引く一派、仏教とヨガが混ざった流れを引く密教《みっきょう》の一派で、「真言《しんごん》密教」の第八祖ということでね。密教は中国では廃《すた》れていくんだけど、日本に入ってきたということで、日本ではすごく尊敬されて、慕《した》われている。

けれども、仏教の一派のなかの、連綿と続くなかの八祖、すな

●空海は、リエント・アール・クラウド王に……　『もし空海が民主党政権を見たら何というか』（幸福実現党刊）参照。

わち、八番目の先生、マスターという立場であるので、「われわれのようなオリジナル・ゴッドと比べて、一緒《いっしょ》にされては困るかな」というふうには思っていますがね。

神が「姿」を見せず、「声だけ」を降ろすことが多い理由

斎藤　映像系で参考になるかもしれませんので、お訊《き》きしたいと思います。ヘルメス神は、九次元宇宙界という高次元世界のなかで、「光そのもの」であると思うのですが、やはりギリシャのような雰囲気《ふんいき》を醸《かも》し出されているのでしょうか。

ヘルメス　やっぱり、君、バカだね。

●リエント・アール・クラウド　約7千年前の古代インカの王。地球系霊団の至高神であるエル・カンターレの分身の一人であり、九次元存在。当時、宇宙人を神と崇《あが》めていたインカの人々に対し、「宇宙人は神ではない」と明言し、心の世界の神秘を説いた。『太陽の法』『公開霊言　古代インカの王 リエント・アール・クラウドの本心』（共に幸福の科学出版刊）等参照。

霊界の次元構造

あの世（霊界）では、各人の信仰心や悟りの高さに応じて住む世界が分かれている。地球霊界では、四次元幽界《ゆうかい》から九次元宇宙界まである。九次元は救世主の世界であり、釈尊やイエス・キリストなどが存在している。ヘルメス神も九次元宇宙界の存在である。

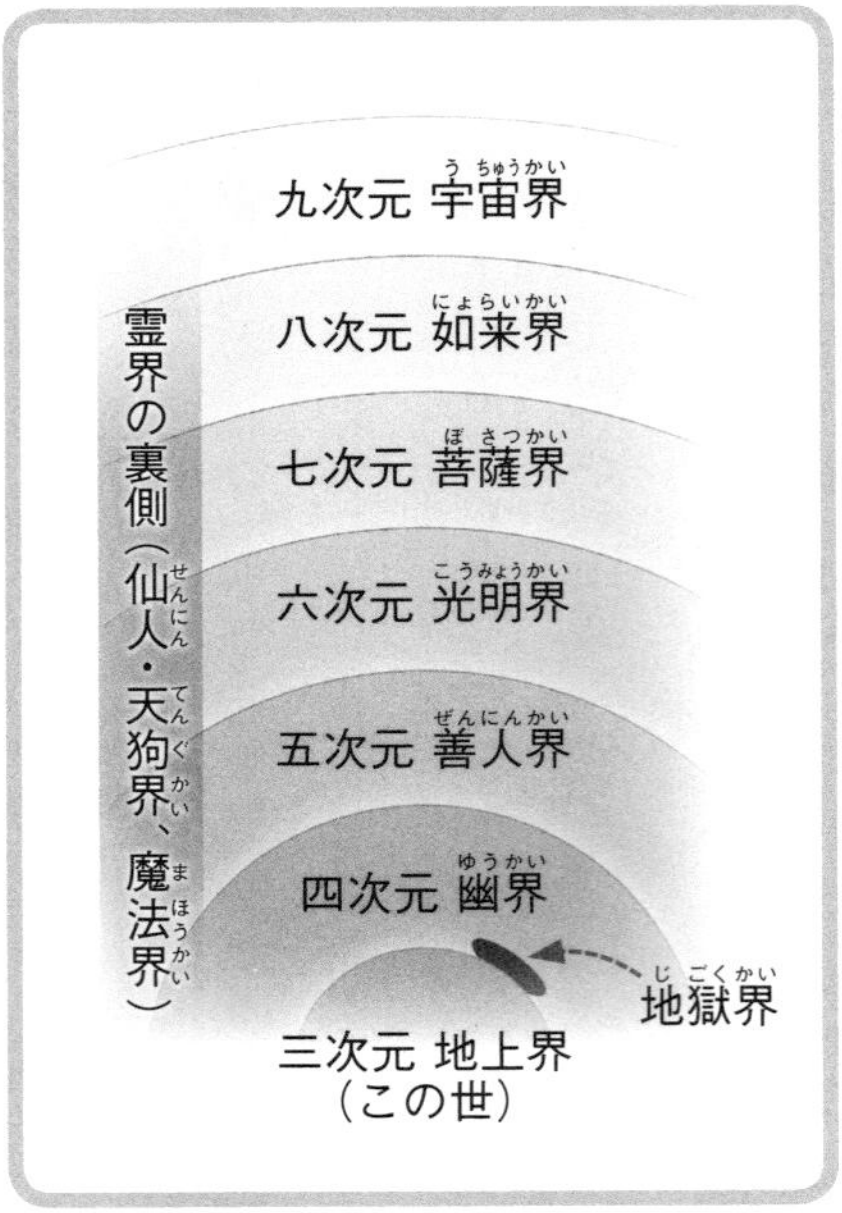

九次元　新しい文明の源流となる救世主の世界。
八次元　時代の中心人物となって、人類の歴史をつくってきた偉人《いじん》の世界。
七次元　愛と奉仕《ほうし》の精神で、人助けを中心に生きている光の天使・菩薩の世界。
六次元　神近き人々や、各界の専門家・リーダーが住む世界。
五次元　善《よ》き心を持つ人々の世界。
四次元　この世に最も近く、すべての人間が死後にまず赴く世界。
地獄界　間違《まちが》った心で生きた人が赴く、四次元下部のごく一部分に巣くう世界。

斎藤 （苦笑）

ヘルメス あっ、絵描《えか》きか（注。質問者の斎藤は東京藝術《げいじゅつ》大学卒）。

斎藤 はい、そうです。

ヘルメス ああ、絵描きの発想なんだな、なるほど。

斎藤 はい。われわれには、神々のお姿は、なかなか分かりにくいところがありますので。

ヘルメス　私たちに姿なんかあるわけないじゃない。もともとないよ。

斎藤　もともとないものを、あえて表現するとすれば……。

ヘルメス　うーん。もともとないけど、「表現形式」としては、地上に肉体を持ったときの姿に似せて、見せることはある。

斎藤　生きていたときの時代ですね。

ヘルメス　（そうしないと）理解できないからね。

斎藤　その姿を転用しながら、見せていくことも……。

ヘルメス 理解できないから。ただ、そういうものがもう面倒《めんどう》くさい方は、「声だけ」しか出さない。「声だけ」が降りてくるかたちでやっている人は多いね。わざわざ姿を現して出るのは面倒だから。

斎藤 「面倒だから」?

ヘルメス もう声しか聞こえない。だから、歴代の預言者や大宗教をつくった人たちも、声しか聞いていない人が多いですよね。わざわざ体をつくって見せる必要はないというか。

斎藤 なるほど。

ヘルメス　まあ、それもバカらしい話だし、勘違《かんちが》いするからね。人間の姿を取って現れると、「神は人間なのかな」と思ってしまうことがあるので、そういうことはあまりしないで、「声だけ」ということが多いですね。

宗教的な装飾《そうしょく》や祭具《さいぐ》が持つ魔力《まりょく》について

大川愛理沙　絵の関連でお訊きしたいのですが、ユング様は、霊言のとき、（会場前方の円形の光背《こうはい》を指して）これをご覧になって、「曼荼羅《まんだら》に似ている」とおっしゃっていました。こうした絵には、魔力《まりょく》のような力があったりするのでしょうか。

ヘルメス　まあ、「ある」と思う人にはあって、「ない」と思う人にはない。

大川愛理沙　(笑)なるほど、分かりました。

斎藤　失礼ですが、再び「ケリューケイオンの杖《つえ》」についてお尋《たず》ねします。こだわるわけではないのですが、この杖には、念《おも》いを発信するとき、アンテナのようにビリビリと光を発信するような機能があるのでしょうか。

ヘルメス　やっぱり、〝この世の人〟だねえ、相変わらず。

斎藤　いや(苦笑)。毎日、お守りの〝ケリューケイオンの杖〟に祈《いの》ったりしているものですから。すみません。

ヘルメス　〝マイク〟を持てば〝声〟が大きくなる。それは、この世的には、そういう効果があるわね。

　だから、大川隆法がケリューケイオンの杖をついて散歩したら、「魔除《まよ》け」にはなるわな。暴漢が出たときに、それを殴《なぐ》り倒《たお》すという機能はあるし、足が疲《つか》れたら、それをついて歩けばいいという機能はあるわな。まあ、そういうことはあるわねえ。

　あとは、雨が降ってきたときに、雨粒《あまつぶ》を振《ふ》り払《はら》えば、傘《かさ》の代わりにはなるかもしれないね。

　バカなことを訊くんじゃない、まったく。

斎藤　己《おのれ》の愚《おろ》かさがよく分かる問いになってしまいました（苦笑）。

ヘルメス　分かればよろしい。だから、絵描きの目で全部を考えるんじゃないよ。

高次元霊《れい》には「姿形《すがたかたち》」も「性別」もない

ヘルメス　私たちは、「姿形《すがたかたち》なきエネルギー体」にしかすぎないので。

斎藤　はい。

ヘルメス　「知性を持ったエネルギー体」なんですよ。だから、形なんかはない。せいぜい、生前の姿でお見せする以外に方法がないということだ。だから、親切であれば、そういう姿で見せることもあるけれども、現実には、そういうものではないということだね。

まあ、「男も女も本当はない」のさ。ないから、直前世《ちょくぜんせ》の姿で自己表現をすることが多いということかな。

人間として直前に生まれたときの感じから、自分の性別や姿を認識している人が多く、五次元ぐらいまでだったら、そういう姿でまだ生活している人はたくさんいらっしゃるけど、六次元ぐらいからは、その姿は限りなく茫洋《ぼうよう》としたものに変わってきつつある。六次元あたりから、人間的に見えたり、そうでない場合もあったり、あるいは、変化身《へんげしん》が自由に出てきたりし始めるわけね。

それから、七次元から上になってくると、次第《しだい》しだいに、もっと、「思考せるエネルギー体」として、自分自身を認識する力が高まってくる。七次元、八次元あたりになってくると、例えば、千手千眼菩薩《せんじゅせんげんぼさつ》という感じになれば、手が千本、眼《め》が千個になっていて、化《ば》け物みたいにも見えなくはないけれども、それは、「そういう機能を持っている」ということだな。

〝レーダーみたいな機能〟を持っていて、「どこに困っている人がいる」とか、そういうことが分かるということだね。

それから、手が千本というのは、救出部隊がいくらでもいるというか、パトカーを千台持っているみたいな感じかね。「そういう感じで行ける」というようになっているわけだ。

まあ、そういうふうに、「機能」になっていくわけね。「持っている機能中心になってくる」ということだな。

いやあ、魔法使いには、やっぱり帽子《ぼうし》が欲《ほ》しい？

大川愛理沙　（笑）はい。

ヘルメス　黒い帽子をかぶって、黒い服を着て、箒《ほうき》にまたがっている。いやあ、（映画「僕《ぼく》の彼女は魔法使い」では）そうして描《えが》いたらいいよ。みんな、よく理解できるから、いいんじゃないですか。
ヘルメスの裸体像《らたい》なんかも、よく三越《みつこし》の上とかに飾《かざ》ってあるから。ただ、パンツぐらい穿《は》かせてくれよ、ほんとに。

質問者一同　（笑）

ヘルメス　いつも裸《はだか》じゃない。

三十数年で魔法《まほう》のように発展した幸福の科学

斎藤　お話を伺《うかが》いまして、ヘルメス様のおっしゃる魔法《まほう》は、「神々の認識力のような未来を見通す力であり、あるいは近代合理主義の精神とも合致《がっち》して、文明を前進させる大きな力でもある」ということで、今までのイメージとはまったく違うことがよく分かりました。

ヘルメス　幸福の科学だって、ほかの宗教から見たら、魔法みたいに見えているはずだよ。

突如《とつじょ》、一九八〇年代に起きて、ほかにもそんな宗教はいっぱいあったのに、なぜか三十数年間続いて、なぜか大きな教団になった。ほかのところは没落《ぼつらく》していっているなかで、好況《こうきょう》も不況も関係なく成長し続けて、大教団になりつつあって、「世界宗教」になろうとしている。

これ、何かの魔法を使っているようにしか見えないから。魔法と見えない者にとっては、「詐欺《さぎ》とか洗脳とか、いろんなものをやっているんじゃないか」みたいな悪口を言うぐらいしかないわけで。それは、自分たちが理解できないから、そういう言い方をするわけね。

やっている者にとっては、「なぜ、それができているか」はよく分かっているけど、ほかの人にはまねができないということだね。まねができるなら、「魔法」ではなくなってくるからね。

斎藤　「魔法は、未来を創造するパワーであり、とても強く明るくポジティブなものだ」ということが、エネルギーとして伝わってまいりました。

「世界の繁栄《はんえい》は、私の心一つ」――ヘルメス神の力

ヘルメス　まあ、あなた、私のことを〝古代人〟だと思って相手をしようとしているけど、とんでもない。

斎藤　最初の前提に大いなる過《あやま》ちがありました。すみません。

ヘルメス　とんでもないんですよ。〝未来人〟でもあるんです。

斎藤　未来人なのですね。「未来感覚で、未来をつくっていく力」、これが魔法の持つ本来の力であると。

ヘルメス　あなた、まだ（私が）クレタ島で粘土《ねんど》でも練って、土瓶《どびん》でも焼いているると思っとるのか。

斎藤　いえ、めっそうもございません（笑）。そのようなことは思っておりません。

ヘルメス　まあ、「世界の繁栄《はんえい》は、私の心一つ」なんだ。今朝《けさ》、「(ヘルメスは）あまり出てこない」と言われていたけど、私は今、世界の繁栄を導かなきゃいけないので、忙《いそが》しいんですよ、それなりにね。

斎藤　「世界の繁栄を導く力」ですか！

ヘルメス　うん。

大川愛理沙　最近は、どのようなご指導をされているのでしょうか。

ヘルメス　ああ、どこも経営が下手《へた》でねえ。もう、ほんと困ってるのよ。国家レベルでね、あるいは国家連合でね、いろんなものをつくっているけど、どこも目茶苦茶《めちゃくちゃ》になってきているから、今、もう一回、「立て直し」をちょっとやろうとしているところです。

斎藤　全世界に向けての繁栄を担《にな》われているということですね。分かりました。

ヘルメス　どうぞ、「魔法使い」として描いてください。服を着せてくれるんだったら、うれしいな。

大川愛理沙　はい、分かりました。ありがとうございます。

斎藤　目から鱗《うろこ》の六十分でございました。

ヘルメス　はい。

斎藤　ありがとうございます。

大川隆法　はい（手を二回叩《たた》く）。

第2章

空《くう》海《かい》と魔《ま》法《ほう》

二〇一七年三月十九日　霊示《れいじ》

幸福の科学 特別説法堂《せっぽうどう》にて

空海《くうかい》（七七四～八三五）

讃岐国《さぬきのくに》（香川《かがわ》県）に生まれ、平安時代初期に活躍《かつやく》した、真言宗《しんごんしゅう》の開祖（真言密教《みっきょう》の第八祖）。諡号《しごう》は弘法大師《こうぼうだいし》。留学僧《そう》として唐《とう》に渡《わた》り、恵果和尚《けいかおしょう》から密教の法灯《ほうとう》を受け継《つ》ぐ。帰国後、高野山《こうやさん》に金剛峯寺《こんごうぶじ》を建立《こんりゅう》して真言宗を開くとともに、庶民《しょみん》教育施設《しせつ》である綜芸種智《しゅげいしゅち》院《いん》の開設や、満濃池《まんのういけ》の改修を行《おこな》った。

質問者

斎藤哲秀《さいとうてっしゅう》
幸福の科学編集系統括《とうかつ》担当専務理事 兼《けん》
HSU未来創造学部
芸能・クリエーターコースソフト開発担当顧問《こもん》

大川愛理沙《おおかわありさ》
幸福の科学宗務《しゅうむ》本部総裁室チーフ 兼
総裁室映像企画《きかく》ソフト担当部長 兼
ニュースター・プロダクション（株）アドバイザー

村上明日香《むらかみあすか》
ニュースター・プロダクション（株）主任 兼
幸福の科学メディア文化事業局主任

［質問順。役職は収録時点のもの］

１　空海《くうかい》が手がけた「魔法《まほう》」のような事業

弘法大師《こうぼうだいし》空海を招霊《しょうれい》する

大川隆法　次に、空海《くうかい》に行きますか。

斎藤　はい。

大川隆法　（合掌《がっしょう》・瞑目《めいもく》して）では、弘法大師《こうぼうだいし》空海様、弘法大師空海様。どうか、幸福の科学に降りたまいて、われらに魔法《まほう》関連のお話をしてくださいますよう、お願い申し上げます。
弘法大師空海よ。
弘法大師空海よ。
おそらく、四国の地とも深いご縁《えん》のある、弘法大師空海よ。
どうか、われらに対して、ご指導くださいますよう、お願い申し上げます。

(約十秒間の沈黙《ちんもく》)

「仏陀《ぶっだ》を指導できるわけがない」と語る空海

空海　空海です。

斎藤　弘法大師空海様、本日は、ご指導まことにありがとうございます。

空海様は、真言密教《しんごんみっきょう》の第八祖として、中国から法灯《ほうとう》を継《つ》いで日本に真言宗を開き、高野山《こうやさん》に金剛峯寺《こんごうぶじ》を開基《かいき》されました。そして、日本国の中心と申しますか、天皇をもご指導なさるようなお立場で、この日本国の精神的な柱となる教えを数多く説かれました。

天才僧《そう》・空海様が持っておられる霊的《れいてき》な神秘力、そうしたものについてのご指導を賜《たまわ》ればと考えております。

空海　いや、君たちを指導するようなことは、もう何もない。

斎藤　（苦笑）最初から、そんな……。空海様……。

空海　全部分かっているから、（指導することは）もう何もない。全部分かっているでしょう？　空海が仏陀《ぶっだ》を指導できるわけがないじゃないですか。

魔法《まほう》に見えたかもしれない「満濃池《まんのういけ》の築堤《ちくてい》」

大川愛理沙　空海様は、われわれ人間に対して、仏陀の法を分かりやすく説くことなどが、すごくお得意だと思うのです。

また、「空海様は、東洋に流れる仏教思想のなかで、魔法《まほう》につながる部分に関しては、いちばん近いところにいらっしゃるのではないか。日本においては、いちばん魔法使いに近いような位置にいらっしゃるのではないか」と思っているのですが、魔法関係で教えていただけることは何かありますでしょうか。

空海　ああ……。まあね、祈禱《きとう》で病気を治したりはしたし、川のあまりない香川《かがわ》県のために満濃池《まんのういけ》を築いたりした。当時の人にとっては、「築堤《ちくてい》による〝ダム湖〟をつくることで、年中、田畑に水の供給ができる」ということは、魔法に見えたかもしれないね。

　また、ヘルメスも同じようなことを言っておられたが、昔は、井戸《いど》を掘《ほ》る場所を探すのもなかなか大変だった。今は、何か別のものを使って探したりするらしいけれども、昔は、錫杖《しゃくじょう》でトントントンと地面を突《つ》いて、「ここを掘れば水が出る」というぐらいのことを、いろいろなところで教えた。

満濃池は701〜704年頃に讃岐国《さぬきのくに》（香川県）に創築された、日本最大の灌漑《かんがい》用のため池。洪水等で堤防の決壊を繰り返すなか、821年、難航していた復旧工事が空海に託される。空海は当時の最新工法を駆使《くし》し、約3カ月で修築工事を完成させた。

要するに、それは農業の振興策《しんこう》だな。水がなきゃ農業はできないから、「ここに田畑がつくれるかどうか」というのは、「水が出るかどうか」にかかっているからね。

そういうことを指導したこともあるし、お寺をつくったこともある。真言密教の体系をつくったり、法具《ほうぐ》をつくったり、曼荼羅《まんだら》をつくったりして、そうした〝世界観〟をつくった。（斎藤を指して）この人の世界に多少近いかもしらんけど、目に見えるかたちで、霊界《れいかい》世界を表すようなことをしたことはあるね。

ただ、幸福の科学を指導するようなことは、もう何もありませんね。

斎藤　そのような、つれないお心を……。

空海が創建した寺院の例

(上左) 高野山真言宗《こうやさんしんごんしゅう》の総本山金剛峯寺《こんごうぶじ》の大塔。空海は嵯峨《さが》天皇から高野山を下《か》賜《し》され、816年に金剛峯寺を創建した。
(上右) 空海が唐《とう》から日本に帰国後、最初に創建した寺院、東長寺《とうちょうじ》の山門《さんもん》。806年創建 (福岡県福岡市博多区)。

密教法具《ほうぐ》と曼荼羅《まんだら》

空海が唐から持ち帰ったとされる国宝「金銅《こんどう》密教法具」(東寺《とうじ》所蔵)。

日本密教の中心の仏である大日如来《だいにちにょらい》が説く、真理や悟りの境地を表す曼荼羅。「胎蔵界《たいぞうかい》曼荼羅」(下右) と「金剛界《こんごうかい》曼荼羅」(下左) の2つを合わせて「両界《りょうかい》曼荼羅」と称する (共に9世紀、東寺所蔵)。現存する両界曼荼羅のほとんどは、空海が唐から持ち帰ったものがもととなっている。

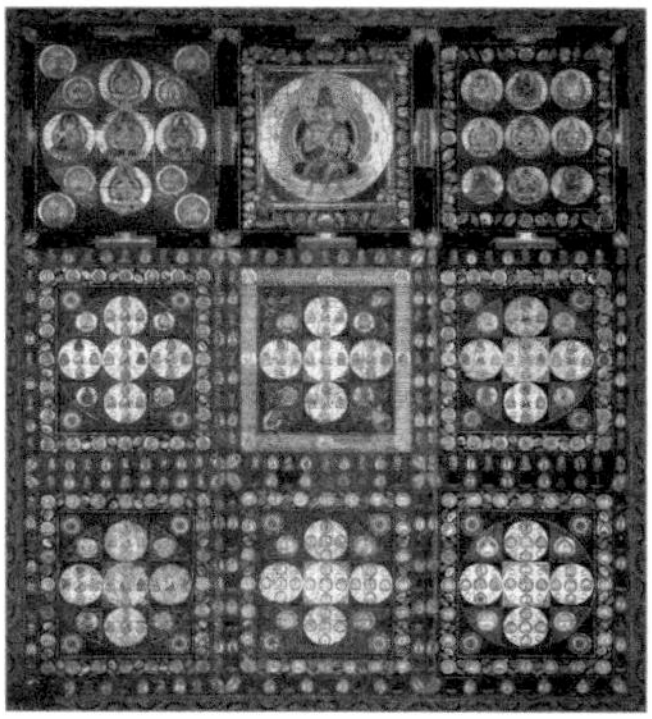

空海　あるわけがないじゃない。

斎藤　（苦笑）それでは、質問をさせていただきますけれども……。

空海　「四国八十八箇所《かしょ》」は、全部、幸福の科学の支部に取って代わられるんでしょう？　いずれ、きっと建て替《か》えられるんでしょう？　私の使命はもう終わったんです。

斎藤　空海様……。

現代にも「鎮護《ちんご》国家」の思想が必要

大川愛理沙　今回の映画（「僕《ぼく》の彼女は魔法使い」）では、魔法について描《えが》こうと思っているのですけれども……。

空海　ああ、なるほど。

大川愛理沙　それに関して特に教えていただきたくて……。

空海　うーん。

大川愛理沙　世の中にある、魔法や魔術《まじゅつ》に関するものを調べていると、「黒《くろ》魔術」に当たるような、おどろおどろしいものについては、けっこう資料が多いのですが、それに打ち勝つ「白《しろ》魔術」に関する資料は少ないのです。

白魔術に当たるものというか、「よい世界をつくっていくための力」として、いろいろな奇跡《きせき》などがあったりするのかどうか、教えていただきたいと思います。

空海　それは、一般《いっぱん》には、病気治しをしたり、先ほど言ったように、農業を振興させ、食糧《しょくりょう》で人々が困らないようにしてやったり、水源地の確保をしてやったりすることでしょうし、お寺を建てることによって人々の信仰心《しんこうしん》を高めることでもあるでしょう。

また、「鎮護《ちんご》国家」の思想は今も必要でしょう。日本の国が滅《ほろ》ぼされないようにするための「鎮護国家」の思想は必要だろうと思います。まあ、あなたがたが主張しているから、この国も、だんだん、国防を現実にやり始めてはいると思いますけどね。

「世の中の人に喜んでもらえる仕事」をつくり出す

空海　あとは、そうだねえ、雨乞《あまご》いぐらいはしたことがありますけどね。京都神泉苑《しんせんえん》で雨乞いをしたとか。飢饉《ききん》が続くと税収は減るけど、民《たみ》も飢《う》えますからね。だから、民が飢えないようにする。

これは、今で言うと、「就職祈願」ぐらいの感じですかね（笑）。百パーセントの就職を目指して祈願をするぐらいのことか、新しい職業や仕事をつくり出すようなことですかね。

今だったら、マクドナルドやスターバックスをつくり、店をチェーン化して人を雇《やと》い入れることに変わっているかもしれないねえ。やり方は昔と一緒《いっしょ》ではないかもしれない。だから、企業経営《きぎょう》みたいなものでもできるわね。今、あなたがたに必要なのは、例えば、ＨＳＵの卒業生の就職先をつくることだ。この魔法が欲《ほ》しい。

だから、〝空を飛ぶ魔法〟は、どうでもいいのであって……。

大川愛理沙　（笑）

空海　「ＨＳＵの卒業生たちが一生食べられる職業に就《つ》ける魔法を教えてくれれば、それがいちばんありがたい」というところでしょう。

それには、「チェーン店化で職員がたくさん要《い》るような仕事」をつくり出すことが大事でしょうね。

「一人だけでできる仕事」じゃなくて、「同じようなことが多くの人にできて、広がることによって総合的に収益が上がり、みんなが食べていけて、世の中の人に喜んでもらえるようなもの」をつくっていくことでしょうね。

大川愛理沙　なるほど。

2　現代に「奇跡《きせき》」はありうるか

水には「人の念《おも》いが宿る性質」がある

大川愛理沙　よい魔法使《まほうつか》いと言ったらあれですが、人々に対してよい念《おも》いを持っている人たちには、雨を降らせたりだとか、水に関する奇跡《きせき》が多いと思うのです。

奇跡と水との関係性について教えていただきたいと思います。

空海　水もねえ、念力《ねんりき》というか、「人の念いが宿る性質」を実は持っている。水自体は、中性というか、中立なのですけれども、善念《ぜんねん》を湛《たた》えると、「聖水《せいすい》」

などもそうですけれども、悪魔祓《ばら》いをする力のような、清《きよ》める力を持つことがありますし、悪念《あくねん》を受けると、毒に変わるというか、そういう力を持つこともありますね。

現代の仏教学者等には、「お釈迦《しゃか》様は、法力《ほうりき》など神秘的な力みたいなものをまったく使わなかった」というようなことを書く人もいるのだけれども、ペストかコレラのようなものが町で流行《はや》り、大勢の人が死んだときには、そういう力を使っています。死体を焼くことも大事だったけど、そのあとは、聖水のようなもので清めていくことを実際にやっているので、そういう力はあったわけです。

「清めの水」というものは日本神道《しんとう》でも使っていますね。聖者の念いがこもった水であれば、そういう力はあります。

だから、本当は、「ホーリーウォーター（聖水）」をつくろうと思えばつくれて、幸福の科学の初期には、それを使ったこともあるんですけどね。

初めのころに手伝っていた人は、ヨガの先生をしていた人ですが、天然水だと思われる水をポリタンクにいっぱい入れてきて、「大川先生、これにパワーを入れてください」みたいな感じのことを言いました。そして、その〝パワー水《すい》〟を配ったりもしていたのです。

ただ、これをあまり長くやりますと、〝怪《あや》しげな商法〟と間違《まちが》われることがあるので、最初のころにしかしていなかったのです。実際には、そういうものであっても、病気治しの力等があることはあるんですけどね。

とりあえず、「水というものは、ある種の霊的《れいてき》なバイブレーションを受ける器《うつわ》ではあるのだ」ということだね。

世の中には〝神々の化学方程式〟が存在している

空海　水を顕微鏡《けんびきょう》で細《こま》かく見れば、実は、水の結晶《けっしょう》の姿が違ったものになっていくことがある。水は水素と酸素が結合してできているものなので、もともと「水」なんてものはありはしない。「水素と酸素をくっつければ水になる」なんて、こんなものは神様がつくった発明にしかすぎないわけです。

水素は「燃えるもの」ですけど、酸素は「燃やすもの」ですよね？

大川愛理沙　はい。

空海　こういう〝火のもとになるもの〟を使って、火を消す水ができる。これも一種の魔術ですね。ありえないことです。「なぜ、そうなるのか」というこ とがまったく説明できない。

それは、「なぜ、芝草《しばくさ》を食べて、牛はミルクをつくれるのか」というのが分からないのと同じであり、「そうなる」としか言いようがない。なぜ、タケノコを食べて、パンダに白と黒の毛皮ができるのか、さっぱり分からない。

それと同じでして、世の中には、分からないことがいっぱいあるわけです。

そうした〝神々の化学方程式〟が存在しているわけですね。

だから、「すべては解明されている」なんて思うのは大きな間違いです。

(祭壇《さいだん》の脇《わき》の生け花を指して)花が生けてあるけど、バラの花一つにしても、なぜ、このようになるのか、さっぱり分からない。〝設計図〟は、いったいどこに入っているのか。種のなかをいくら開けたって、〝設計図〟が入っているわけじゃない。ね? バラの精《せい》として、「バラをつくる」という想念がつくられ、それがバラを増やしているんでしょうね。

そういうことだし、雑草と花には違いがあるように、人間の魂《たましい》にも、「花」に当たる高級神霊的なものもあれば、「はびこる雑草」のようなものもあるということだよね。

だから、生きている人間としては、間違った想念のほうに引っ張られないように、できるだけ、「いい想念の型」をたくさんつくって発射し、それを広めていくことが大事だね。

精進《しょうじん》を続けた者には、悪霊《あくれい》を追い出す「法力《ほうりき》」がつく

空海　それから、私の仕事としては、もう一つ、現代で言えばエクソシストに当たる仕事をそうとしているであろうから。悪霊《あくれい》、悪鬼《あっき》、そういうもの

を追い払《はら》う仕事はけっこうやってきた。これは、仏法護持《ぶっぽうごじ》をして精進《しょうじん》した者に与《あた》えられる力だわな。

あなたがたであれば、基本的には、「教学をし、経文《きょうもん》を読み、規則正しい精進を続けた者に法力《ほうりき》がついてくる。法力がついた者には、悪霊を追い出す力が宿ってくる」ということになりますね。

修行《しゅぎょう》の過程で、「意志の力」を鍛《きた》えつつ、「天上界《てんじょうかい》の高級神霊、神仏につながるエネルギーを引いてくる力」を身につけることができれば、そのエネルギー放射によって、悪鬼羅刹《らせつ》を追い払うことも可能である。こういうことになるわけだよな。

このへんも、魔法のようと言えば魔法のようだけど、何をもって「魔法使い」と言っているのか、よくは分からんのだけども。

何が訊《き》きたいんだ？

「呪《のろ》いの魔術《まじゅつ》に奉仕《ほうし》する動物」と「天上界《てんじょうかい》的な動物」

大川愛理沙　現代の人たちは、けっこう物質的になってしまっているのですが、映画において、霊的なパワーというか、霊的なエネルギーを表現していく上で大事なことは何でしょうか。

例えば、映画「僕《ぼく》の彼女は魔法使《まほうつか》い」の原案では、金粉《きんぷん》が出てきたりする物質化現象があったり、時間を少し巻き戻《もど》すことができたり、そのような現象が具体的にあるのですが、念いを集中させることによって、どのようなことが可能になっていくのでしょうか。

空海　まあ、黒魔術系を使えば、蛇《へび》がいっぱい出てきたりねえ、ハエが飛んだり、コウモリが飛んだり、ネズミが走り回ったりして、こういうものが実際に見えるようになったりすることはあるわね。それが実物かどうかは別としてね。

そういうことはいろいろと報告されているから、「呪《のろ》いの魔術を使えば、それに奉仕《ほうし》する動物たちが存在する」ということだよね。嫌《きら》われるようなものが出てきて、例えば、ゴキブリの山などができたりする。そういうことが言われているわね。

だから、どちらかというと、死体に群がったり、物が腐敗《ふはい》したときに出てきたりするような動物や昆虫《こんちゅう》などが、彼らの支配下にあると考えてもいいだろうね。死体に湧《わ》く蛆虫《うじむし》や、それを食べる動物などだね。

あとは、天上界《てんじょうかい》の指導を受ければ、その指揮下にある動物が出てくることもあるだろうね。

天上界的な動物としては、例えば、白象《びゃくぞう》もいるし、白虎《びゃっこ》もいる。龍《りゅう》には、悪龍《あくりゅう》もいるけど、守護神《しゅごしん》としての、よき龍もいる。そういう、守護神、動物神に変化《へんげ》しながら守護するものも存在する。

念力戦をやっているうちに、霊視《れいし》が利《き》く者には、そういうものが視《み》えたりもするようになる。そういうことはあるだろうと思うけどね。

物質化現象を「奇跡《きせき》」と信じさせることは難しい

空海　金粉が降るぐらいのことは、それはあると思いますよ。金粉が降ったって、仏像が出てきたって、別におかしくないです。それは出ます。
ただ、そういうものが出ても、だいたい、長くは残らないことが普通《ふつう》で、一日もしないうちに消えてしまうことが多いんですね（注。幸福の科学では、金粉現象をはじめ、信仰《しんこう》により病気が治る奇跡《きせき》が、全国の信者から数多く報告されている)。

あなたがたのところには、金粉ぐらいは降るんだと思うけど、まだ、そう大した物質化現象は起きていないと思う。このへんについては、みんな(幸福の科学の支援《しえん》霊たち)も考えていて、やっていいかどうか、考えているところがあるので。

そういう物質化現象みたいなものをあまり起こしすぎると、この世的には、「手品か詐欺《さぎ》の類《たぐい》をやっているのではないか」と疑われることも多いので、「そちらの方向でやろうとは、みんな思っていない」ということかねえ。

そういうこと(物質化現象)もできないことはないんだけど、例えば、ここで仏像を出したところで、それが空中から出たものだって信じさせることは、現実にはできないでしょう?

大川愛理沙　確かに、そうですね。

空海　ねえ？　「どこかの古道具商に行って買ってきたんでしょう？」と言われたら、それで終わりになってしまうからね。

だから、現実には、そういう物質化現象そのものを、「奇跡」として人々に信じさせることは難しい。

大川愛理沙　なるほど。

空海　雨を降らすことだって、今は天気予報もあるし、空中に薬剤《やくざい》を散布して雨を降らすことも可能になっていますから、それだけでもっては、もう、なかなか言えなくなってきているところはある。だから、現代の進歩に従ってやらなきゃいけないよね。

電子レンジで〝チン〟をして温めただけで、あったかいものが食べられるなんて、これも、昔で言えば、魔法にしか見えないものだろうね。

そういうことなので、「この世的に人間の力でできるものについては、基本的に人間にやらせる」というのが私たちの考えです。どうしても必要なときには、やりますけどね。

お酒の発明も、最初は〝魔法〟に見えたことでしょうよ。

大川愛理沙　そうですね。

空海　ええ。最初にそれを発見した人にはね。お米に麹《こうじ》などを混ぜて寝《ね》かせたら、だんだん酒ができてきますが、その段階を過ぎたら酢《す》になったりします。そういう化学変化が起きていくことは、魔法にしか見えなかったであろうね。醤油《しょうゆ》をつくったりした人たちにも、そう見えたかもしれないね。

これから発明されるべきものは、まだまだたくさんあるので、人々が理解していないものであれば、魔法に見えることはあるだろうねえ。

3 時間・空間・物質化・富の法則のマスターになる

「時間マスター」――過去・現在・未来の時間の法則を悟《さと》る

空海 逆に言えば、「時間を自由にする」とは、どういうことかというと、「時計があるから、時間という認識がある」わけであり、「時計がなければ、時間の認識も、ある意味では、ない」わけです。「人が、それぞれ同じ時間を生きているかどうか」については分からないんですね。

「過去」にとらわれている人は過去の時代を生きているし、「未来」を考えている人は未来を生きているし、「現在」のことしか考えられない人は現在を生きている。

母親で年を取っている人であっても、子供が小さかったころのことばかりを覚えている人は、まだ昔の時代を生きている人だし、小さいときに亡《な》くした子供に執着《しゅうちゃく》している人は、子供が死んだ年齢《ねんれい》のところで自分も止まっている。そのような人も、いることはいるわね。

時間というものは、実は、「人間が尺度《しゃくど》をつくり、存在しているように見ているだけ」であって、「あると言えばあり、ないと言えばないもの」である。

さらに、時間自体については、タイムマシンみたいな考えもあるけれども、「実際には、円環《えんかん》にしかすぎないのではないか」とも言われている。時間自体は円環のようになっていて、「過去・現在・未来」が行ったり来たりして、実は回っている。

「転生輪廻《てんしょうりんね》の姿は、実際には、円周上を走っている、おもちゃの機関車みたいなものだ」という考えもある。そして、ときどき「違《ちが》う段階の円」に入ったりすることもあるし、外に逸《そ》れると、「ほかの星での転生輪廻の枠《わく》」に入ったりすることもある。このへんについて、人間には十分には分からないだろうけどね。

大川愛理沙　うーん。

空海　まあ、「時間」っていうものを直線的に考えるのが、地上の人間の考え方だけど、実際には直線的なものではないわけだなあ。だから、〝どうにでもなるもの〟なんですよ。そうだからこそ、「未来透視《とうし》」ができたり、「過《か》去世《こぜ》リーディング」ができたりしているわけですね。

「現在ただいまに、過去を視《み》たり、未来を視たりすることができる」とい

●**未来透視**　高度な悟りを得た人に特有の六神通《ろくじんつう》（霊能力）を駆使《くし》して、時空間の壁を超え、対象者個人や国家、世界の未来を読み取ること。「未来産業透視リーディング」（2012年3月8日収録）等参照。

うのは、要は、「時間そのものが、実は、矢のように直線的に飛んでいくものではない」ということを意味しているわけだね。

例えば、円形の線路をつくって、そこに、プラモデルみたいなおもちゃの機関車を走らせているのを知っている人であれば、「今、ここを走っているけど、こっちに移せばこうなる」というぐらいのことは知っているわけだね。「時間マスター」というのは、それを魔法《まほう》というかどうかは知らんけれども、私たち、〝スーパーナチュラルな世界〟に生きている者にとっては、単なる一つの法則にしかすぎないかなあ。

物質化現象も法則としてはありうるし、それ以外にも、たくさんありますけどね。

斎藤　今、「時間マスターにとっては法則だ」という話がありました。「空海

●**過去世リーディング**　高度な悟りを得た人に特有の六神通（霊能力）を駆使して、時空間の壁を超え、対象者個人の過去の転生《てんしょう》を読み取ること。さらに時間を遡《さかのぼ》り、地球に来る以前に、他の惑星で転生輪廻《りんね》していたときの魂《たましい》を呼び出し、対話することもできる（宇宙人リーディング）。

様が精進《しょうじん》で意志を強く持った結果、法力《ほうりき》を得られた」という話もありましたが、「時間」についても、ご生前に、そのようなご体験をされたのですか。

空海　だって、私は、（真言宗《しんごんしゅう》においては）〝いまだに生きている〟ことになっているわねえ。「入定《にゅうじょう》」してね。

斎藤　確かに。

空海　ええ。高野山《こうやさん》でね。

高野山真言宗の総本山金剛峯寺《こんごうぶじ》では、空海は「入定（瞑想をして生きたまま仏になること）」して現在も生きているとされ、毎日２回、奥の院・弘法大師御廟《こうぼうだいしごびょう》に食事を運ぶ儀式「生身供《しょうじんぐ》」が行われている。（上）弘法大師御廟に続く「御廟橋」。

斎藤　毎日毎日、僧侶《そうりょ》がご飯《はん》を届けております。

空海　毎日、届けてくれていますよ。下げにも来るしね。生きていることになっている。そのとおり、（霊《れい》として）生きていますけどね。
だから、彼らが運んでくる感謝の念そのものは、ちゃんと……。

斎藤　今も、届いているのでしょうか？

空海　届いている。

「空間マスター」──テレポーテーションや分身の術《じゅつ》も可能

空海　「時間マスター」もあるけど、あと、「空間マスター」というものもあってね。

斎藤　「空間マスター」？

空海　これは、あなたがたから見れば、「テレポーテーション」っていうことになるんだろうけれども、こういう「空間マスター」もあって、別の所に姿を現す。

だから、弘法大師《こうぼうだいし》は、東北でもいっぱい行脚《あんぎゃ》したことになっております。

「空間マスター」としては、別の所に現れることもできるし、さらには、「分身の術《じゅつ》」的に、〝同時多発〟的に現れることもある。

あなたがたで言えば、これはみな、魔法使いに当たるのかもしれないけれども、そういうことはできますよ。

斎藤　できるんですか。

空海　ああ、できますよ。

大川隆法総裁だって、夜寝《ね》ている間でも日中でもそうですけれども、本当は、いろいろな所に姿を現して指導しているんですよ。全世界に信者がいますからね。「主よ、主よ」とか、「エル・カンターレよ」とか言って祈《いの》られたら、そこに現れているんですよ。現実には、いろいろな所に存在しているんです。

霊体《れいたい》は〝同時多発〟で現れているので、それが視える人には視えるわけです。

だから、「昨日《きのう》、総裁先生が私の枕元《まくらもと》に来て、こうおっしゃられた」というようなことを、ブラジルの人が言ったりすることがある。

現実に働いているわけなんですよね、霊体の一部は。ここで話をしながら、霊体の一部はアメリカのトランプ大統領のお尻《しり》をつねっている場合もあるわけですね（会場笑）。「ちょっと失言が過ぎる」ということで、チッとつねったりしている場合もあるわけです。

大川愛理沙　（笑）

「物質化マスター」や「富の法則マスター」もある

斎藤　意志の力で、それが意図的《いとてき》にできるわけですか。

空海　ええ。だから、「時間マスター」「空間マスター」がありますし、それから、「物質化マスター」もあります。そういうものが現実にあるのです。

　また、「富の法則」をマスターしている者もいます。ただ、仏教系は「富を引き寄せる術」をあまり使いませんけどね。仏教系はそんなに使わないけれども、それを使う人たちも、いることはいます。

　文化的な高みを目指す人たちにとっては、「富」は非常に必要なものになりますから、あなたがたみたいな絵描《えか》きや音楽家、そういう者が文化の高みをつくろうと思えば、パトロンが必要になるので、やっぱり、お金を貯《た》めてくれる人が出てくることが大事になり、そういう人は「お金を引き寄せる法則」を使う。

「お金を引き寄せる法則」はちゃんとあって、それをマスターすれば、お金をいくらでも集めることができるようになってくる。「考え方」次第《しだい》ですね。

4 「霊界《れいかい》からの智慧《ちえ》の協力」を得るには

「慈悲《じひ》の心」に基《もと》づく「知的精進《しょうじん》」を

大川愛理沙 最近、「物事の本質のところには、目に見えない方程式というか、魔法《まほう》というか、目に見えない何かがあるのではないか」と思うのですが、目に見えない「心の秘密」などを、空海様はとてもよく知っていらっしゃると思うので、それがどういうものなのか、教えていただきたいと思います。

空海 勉強を一定以上すると、頭がパンパンになると思いますけど、それを超《こ》えると、次に「自分の頭で考えているのではないレベル」に入るんですよ。個人としてやるべき努力を、「いっぱい、いっぱい」までやった者には、今度、それ以上の恩恵《おんけい》が与《あた》えられるようになり、天上界《てんじょうかい》から智慧《ちえ》が与えられるようになってくる。

大川愛理沙　ああ、なるほど。

空海　アイデアが降りてくるようになる。

そこに至るまでの間には、やっぱり、「精進《しょうじん》」が必要だし、自分としてできることを一生懸命《いっしょうけんめい》やることが大事です。

自分が一生懸命に勉強したこと、知識を集積したり考えを練ったりしたようなことを、自分自身のためだけに使っているなら、それ以上のものにはならないけれども、大きな愛のため、世のため人のため、「苦しむ衆生《しゅじょう》を救う」という慈悲《じひ》の心のために「知的精進」が使われると、「目に見えない世界からの智慧の協力」が働くようになって、いろいろな活動ができるようになります。

例えば、幸福の科学の支部や拠点《きょてん》等が世界の百カ国以上にあったとしたら、そこのエル・カンターレ像に、その国の信者たちが祈《いの》っている。それに対して、エル・カンターレはちゃんと応《こた》えているわけです。

そういうことができているので、「霊験《れいけん》あらたか」なのです。ちゃんとそれをやっているのです。

人間としては、人間としての限界に当たるところまで、自分にできるだけの努力をなされたほうがいいと思います。その姿を見て、天上界では、「どの程度まで、この人に智慧を与えたり、奇跡《きせき》の力を与えたり、スーパーナチユラルな力を与えたりするか」ということを考えます。

ただ、今はモーセの時代みたいな古い時代ではないから、ああしたかたちでの奇跡は起きにくく、もっと、はっきりしたものとして出てくるだろうとは思いますがね。

大川愛理沙　なるほど。分かりました。

睡眠《すいみん》中は誰《だれ》もが、ある意味での「霊能者《れいのうしゃ》」に

大川愛理沙　夢は、あの世の世界との交流というか、インスピレーション源であり、われわれのような、まだ悟《さと》っていない者たちであっても、夢を見ることはよくあります。

心理学者のユング様は空海様の転生《てんしょう》の一つであると思うのですが、この方は、「夢」について、けっこう研究されていた方だと思うのです。夢とはどういうものなのか、「夢の秘密」について教えていただきたいと思います。

空海　「自分の実体は霊的《れいてき》存在である」ということを忘れさせないために、人には寝《ね》る習慣が与えられているわけです。寝ている間に、頭につながっている霊子線《れいしせん》をつけながらだけれども、宇宙遊泳をする宇宙飛行士のように霊界《れいかい》と行き来できるわけですね。

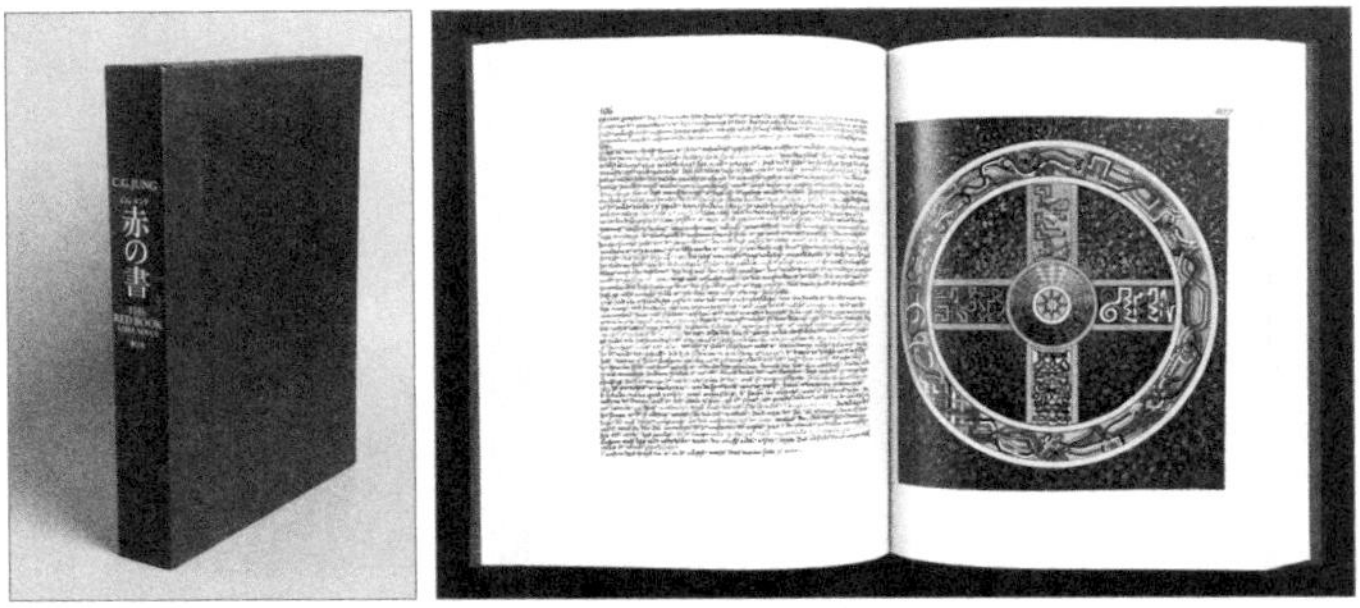

●「夢」について……　ユングの『赤の書』には、ユング自らが見た夢やビジョンが記され、その注釈やイラストが収められている。（上）『赤の書』（創元社、2010年刊）より。

たいていの人は、浅い霊界、すなわち、地上界に近い幽界《ゆうかい》や精霊界《せいれいかい》、あるいは地獄界《じごくかい》の浅いところあたりをウロウロしているのですが、悪夢を見たりすると、「前の日の生き方や考え方に何か問題があったのかなあ」と思ったりするし、夢のなかで、いい思いをすると、「今、自分を励《はげ》ましたりしている存在があるのかなあ」などと思ったりします。

死んだ人と夢のなかで会うことは数多いと思います。亡《な》くなった方が夢に出てくることは多いと思うのですが、それは、その方と実際に会って話をしているわけですね。ただ、目を覚ますときに、その夢の一部が、現在、生きている人についての記憶《きおく》に〝変換《へんかん》〟されて、分からなくなる部分があることはあって、見た夢を丸ごと覚えてはいない場合が多いんですね。

実際には、寝ている間に、誰《だれ》もが、ある意味での霊能者になっていて、肉体から離脱《りだつ》しています。そして、霊界の浅いところを探検したり、その人の能力によっては、遠いところまで行ったり、地球の裏側まで行ったりして、いろいろなところに行っています。

これは、死んだときに困らないように訓練しているのと、「人間は霊的な存在だ」ということを無意識のうちにだんだん覚えさせて、信仰心《しんこうしん》が根本的に失われないようにするために、そういうことをやらせているわけです。

大川愛理沙　なるほど。

空海　「八時間寝るのは無駄《むだ》で、二十四時間働いても構わない」と考える人がいるかもしれませんが、寝ている時間が無駄であるとは、われわれのほうは思っていないということですね。「霊界との交流のために、その程度は睡《すい》眠《みん》を取っておかないと、あとで困ることになるだろう」ということです。

ただ、この夢における霊体験でさえ、なかなか信じない人のほうが増えてきており、「全部、頭脳が起こしている現象だ」と考えるような人もいます。この世的に「頭がいい」と言われている人たちが、霊的なものをまったく感じず、信じないことも多くなってきています。

これは残念なことなので、何らかの「目覚め」を彼らに与えなくてはいけません。

霊言集《れいげんしゅう》を信じる人は、死後に迷わないようになる

空海　幸福の科学にも、その大きな使命はあるだろうと思うんですね。霊言《れいげん》や守護霊《しゅごれい》霊言を数多く送っていますが、これは、「人間は脳細胞《さいぼう》だけで考えているわけじゃない。人間は脳の神経だけで考えている存在ではない

のだ。それを離《はな》れた意識体があるのだ」ということを教えているわけです。

「なかなか全部は信じ切れないけれども、しかし、完全に否定もできない」という状態で、今、広がっているのではないかと思いますね。

いずれ、金粉《きんぷん》の山ではないけれども、「霊言集の山」のなかに人は埋《う》もれて、否定することができなくなるだろうと思いますし、現に、日本では、もう否定しにくくなってきつつあるんじゃないでしょうか。

大勢の信者たちが証人になっていますし、信者ではなくても、霊言集を読んでいる人は

2010年以降に発刊した公開霊言シリーズは、500書を超えている。また、著書のテーマは、宗教、政治、経済、教育、科学、芸能など、人間の活動全般に網の目のように広がっており、発刊点数は全世界で2500書を超える（2019年1月末時点）。

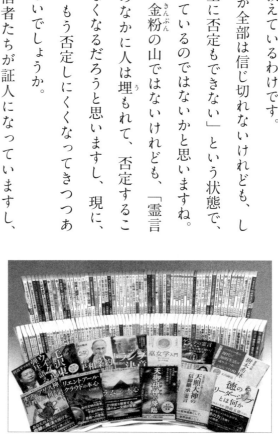

数多くいるので、信じる人のほうが増えつつあり、「当たり前の世界を、当たり前に理解させようとする努力」が、今、実りつつあるのです。

その結果、どうなるかというと、「死んだあとに迷わないような人間になる」ということなので、これは大いなる慈悲であるわけですね。

「夢マスター」――夢のなかの霊《れい》体験を自由自在にコントロール

空海　夢体験で、自分のことを、ある程度、「霊的《れいてき》存在である」と感じるわけですが、そもそも、「死んだ人と会える」ということが霊的な体験であることは明らかですよね。

大川愛理沙　そうですね。

空海　もちろん、（夢のなかでは）生きている人とも会えるから、それは不思議だけど、向こうも霊体《れいたい》が抜《ぬ》け出してきている場合もあれば、霊界の存在が、何かを伝えたくて、生きている友達や知人の姿をして話しかけてきている場合もあります。

それから、夢の世界では、昔の友達が現れるとき、今は六十歳《さい》の人が二十代の姿で現れたりします。タイムマシンに乗ったかのように、昔の時代に戻《もど》って、若い時代の姿同士で交流したりすることもあります。

このようなかたちで、霊体験をいっぱい積んでいるわけですね。

だから、夢のコントロールが自由自在にできるようになったら、これは、ある意味での「夢マスター」であると言えると思います。

5 密教系悪魔《みっきょうけいあくま》の特徴《とくちょう》と対処法

「一喝《いっかつ》」によって「グルグル思考」を断《た》ち切る

斎藤　空海先生は「念」の大家《たいか》でいらっしゃり、「念」の研究をされていることが『黄金の法』（幸福の科学出版刊）に書かれています。

また、空海先生には、幸福の科学の初期にも、よくご指導を頂いており、当時、霊言《れいげん》収録時の質問者であられました、大川隆法総裁の御尊父《ごそんぷ》・善川三朗《よしかわさぶろう》名誉顧問《めいいよこもん》は、「バーンと強く厳しいご教導を頂いた」というようなことを、ご自身の著書で回想なさっていました。

そういう、「念《おも》いをボーンと強く発信して、邪《じゃ》なるものを退散させる」ということは、どのような御心《おこころ》でなさっているのでしょうか。

空海 私はね、宗教家にしては、どちらかといったら理性的な人間ではあるのでね。

宗教家のなかには理性的じゃないタイプの人もいます。情にもろすぎて、ほだされ、流されるタイプの人もいる。いわゆる「グルグル思考」というものに落ち込《こ》む人がいるわけですよ。

例えば、親鸞《しんらん》系の人たちのなかには、自分の罪の思いや、「この世での悪《あく》業《ごう》によって地獄《じごく》に堕《お》ちるんじゃないか」という悩《なや》みなどで、思考が〝グルグルグルグル回って〟いるような人がいるわけです。

こういう人たちに対しては、ある意味で、理性的なメスを入れるというか、その悩みを一刀の下《もと》に切ってやる必要があります。無駄《むだ》なことをしているところを切らなきゃいけない。

善川三朗氏や（大川総裁の）兄の富山誠《とみやままこと》氏のあたりだと、「グルグル思考」はけっこう強かった。

そういう人に対しては、「一喝《いっかつ》」をして、その思考を止《と》める必要があった。その思考を止めるだけでも悩みが収まってくるからね。

「グルグル思考」が悩みとなって、その〝渦巻《うずま》き〟のなかに、いろいろな人を引きずり込んだり、いろいろな悪霊《あくれい》を引きずり込んだりすることになるので、その〝渦巻き〟を止める必要があるのですが、そういう場合には、「一喝」にも効果があることもあるんですね。

（斎藤を指して）あなたにも、その気《け》はあるよ。

斎藤　（苦笑）「グルグル思考」ですか。

空海　うん。「その仕事をやめなさい」と、パシッと言わなきゃいけないこともある。

密教《みっきょう》系の悪魔《あくま》・覚鑁《かくばん》の特徴《とくちょう》

大川愛理沙　それに関してですけれども、●覚鑁《かくばん》という密教《みっきょう》系の悪魔《あくま》が来ていると、私も少し悩まされ、「グルグル思考」に陥《おちい》ったりするので、対策法を何か教えていただけたらと思います。

空海　あれ（覚鑁）はねえ、密教の神秘力を利己心のために使った人であるわけですね。利己心の拡張欲のために使ってしまったんですね。心の内はな

●**覚鑁**（1095～1143）　平安時代後期の密教僧。高野山金剛峯寺の座主《ざす》であったが、高野山を追われ、根来《ねごろ》で新義《しんぎ》真言宗を開いた。死後、悪魔となり2つの密教系の新興宗教団体を支配している。『黄金の法』『エクソシスト入門』『実戦・悪魔の論理との戦い方』（いずれも幸福の科学出版刊）等参照。

かなか読めないからね。

自分の教派のお寺などを増やすこと自体は、どこもやっていることだから、悪いこととは思えないけれども、悟《さと》りが真実のものでなかった場合には、やっぱり間違《まちが》いを起こすわね。

空海の「即身成仏《そくしんじょうぶつ》」の思想だと、当時流行《はや》っていた念仏宗《ねんぶつしゅう》あたりに負けそうな感じだった。要するに、真言《しんごん》密教の教えは難しいからね。「それを学んで、厳しい修行《しゅぎょう》をして即身成仏するというのは、ちょっと〝生《なま》ぬるい〟から、『南無阿弥陀仏《なむあみだぶつ》』と称《とな》えるだけで即身成仏ができる」というような思想をつくって、広げようとしていたのだけれども、実際上、〝嘘《うそ》〟はあるわね。

「南無阿弥陀仏」と称え、「阿弥陀《あみだ》様に救われたい」という気持ちを一般《いっぱん》信者が持つこと自体は構わない。阿弥陀様をお呼びして、「救ってください」とお願いすることは構わないけれども、「『南無阿弥陀仏』と称えたら、即身成仏ができ、仏陀《ぶっだ》になれる」という思想であれば、これは「間違っている」としか言いようがない。

大川愛理沙　そうですね。

空海　それだったら、私たちがつくった「教学の体系」や「修行の体系」は、まったく意味を持たないことになる。だから、それは原始の仏教にも反した思想であるわね。

彼（覚鑁）は、そういうことで迫害《はくがい》を受け、最後、洞窟《どうくつ》のなかで射殺《いころ》されているわけだけど、それで不成仏になって、恨《うら》みの念波《ねんぱ》が止まらずにいる。

そして、宗教で悟りを求め、悟りを開こうとしている人を邪魔《じゃま》したりすることもあるし、まだ一部に〝覚鑁宗〟（新義真言宗《しんぎしんごんしゅう》）のお寺もあるから、そうした〝信仰心《しんこうしん》〟をエネルギーに変えて「悪さ」をしているところがある。

彼の場合、「欲望を膨《ふく》らます」というところが特徴《とくちょう》だね。要するに、「分《ぶん》を超《こ》えた欲望を膨らます」のが特徴で、そこを隙《すき》にさせて攻《せ》めてくる。

一つには、「知的欲望」を膨らませる。要するに、「自分は賢《かしこ》い」と思ったり、自惚《うぬぼ》れたりする人を攻めることがある。だから、学者にも入りやすい。

もちろん、僧侶《そうりょ》にも入りやすいけどね。

それから、虚言癖《きょげんへき》があるから、嘘をついて世の中をうまく行き渡《わた》ってやろうとするような人にも入りやすい。

真宗《しんしゅう》系の色情《しきじょう》地獄《じごく》とも合体している覚鑁《かくばん》

空海　また、南無阿弥陀仏系である真宗《しんしゅう》系は、地獄《じごく》を一つ持っており、全部が全部、天上界《てんじょうかい》行きではない。真宗系に惹《ひ》かれる者には、色情《しきじょう》系の悪魔との縁《えん》が極《きわ》めて強い面があるので、(覚鑁は)ここも合体しているところがある。

「色情地獄に堕ちていても、『南無阿弥陀仏』と称えるだけで救われる」という思想は、本当にそれで救われるのなら結構です。色情地獄に行って「南無阿弥陀仏」と言ったら、〝救助ヘリ〟が来て梯子《はしご》を下ろして助けてくれるのなら、それは結構な話だけど、現実はそうではないでしょう。

仏教的には、「自分の今までの生き方や対人関係についての反省をしなければいけない」という作業が残っているのに、これを〝すっ飛ばして〟いるからです。

だから、(覚鑁は)色情系の悪魔と共同して攻めてくることは多い。そういう意味では、青春期等で異性問題に悩んでいる人、宗教で悟りを目指しておりながら異性問題で悩んでいる人のところには、やっぱり来るね。「異性問題」や「金銭問題」、「地位欲」、「名誉欲」、「プライド」、こういうものに関する隙のところを攻めてくることがある。

だから、南無阿弥陀仏系である真宗系には、一つの大きな色情地獄があるのだけれども、そちらともつながっているので、色情など男女関係のところで、よく狙《ねら》われる面はある。

覚鑁が迫《せま》ってきたときには、そのように、「虚言癖」や「高ぶる心、プライド、自慢《じまん》の気持ち」が強くなったり、「地位」にしがみついたり、「お金」にしがみついたり、「異性」にしがみついたりすることが非常に多いんですね。

執着《しゅうちゃく》を断《た》って足ることを知り、人々に尽《つ》くす気持ちを持て

空海　これを切るには、原始の仏教に帰って、「執着《しゅうちゃく》を断《た》つ」ことを覚えなくてはいけないことが一つ。もう一つには、やっぱり、「分限《ぶんげん》を知って、足ることを知る」必要があります。「自分の分《ぶん》を知ること」が大事です。

自分が今まで生きてきたなかでの精進《しょうじん》や努力から見て、「自分としては、このあたりの生活が当たり前である。これで満足すべきなのだ」という分限を知っていると、身を護《まも》れる。

ところが、それを誇大妄想《こだいもうそう》化する人がいる。「念いが実現する」というのは、そのとおりなのだけれども、それが邪悪なるほうに行くと、あるいは、利他《りた》に行かないで自分自身を拡大するほうにばかり行きすぎると、見事に引

っ掛《か》かってくるわね。

だから、桐山《きりやま》密教のところ（阿含宗《あごんしゅう》）も（覚鑁に）やられている。あそこは、「密教の超念力《ちょうねんりき》で親子の悪因縁《あくいんねん》を切れる。だいたい、親や先祖の因縁が悪いから、今、不幸なのであり、これを密教の超念力で切ってしまえば、一《いち》躍《やく》、幸福な世界に入れる」みたいなことを説いているけど、これは覚鑁の考えに近い考えではあるわね。こういうことがある。

また、そうした超能力系の宗教で、「今、教勢を拡大中だ」というようなことを、宗教学者が間違って執筆《しっぴつ》している真如苑《しんにょえん》系は、教勢が大きいように見せてはいるけれども、実際には、財テクをいっぱいやって失敗している教団であり、借金がたくさんある。それが外の人には分からないらしいけれども、この教団も欲がすごく強いので、ここも（覚鑁に）攻め込まれているわね。

そういうようなかたちで出てくることはある。

（覚鑁が関係しているところは）ほかにも幾《いく》つかありますけどね。

だから、やっぱり、人間としての適正な自己評価と生き方が必要だし、自分に多くを求めないで、「他の人々のために尽《つ》くそう」という気持ちを持ち続けることが非常に大事だね。そのことを知ったほうがいい。

だいたい、「高慢なところ」を攻められる。また、「劣等《れっとう》感の裏返し」のかたちで超能力を使おうとするような系統の人は気をつけたほうがよい。

そういうことを言っておきたいと思います。

6 古代のクラウド王やヘルメス神との縁《えん》

「リエント・アール・クラウド王との関係」の真実

村上 最後に一つだけお伺《うかが》いします。具体的なことで恐縮《きょうしゅく》なのですが、以前に頂いた霊言《れいげん》のなかで、「リエント・アール・クラウド様に秘術《ひじゅつ》を授《さず》けたりしたこともある」ということを……。

空海 誰《だれ》が?

大川愛理沙 (『もし空海が民主党政権を見たら何というか』〔幸福実現党刊〕)

●リエント・アール・クラウド　本書第1章101ページの脚注参照。

を示して）これは民主党政権時代に出た本なのですが、このなかで空海様は、「リエント・アール・クラウド様に宗教的な秘儀《ひぎ》をお伝えした」とおっしゃっていました。

また、●ユング様は、霊言で、「ヘルメス様の時代に一緒《いっしょ》に生まれていた。〝魔法使《まほうつか》い〟の面でヘルメス様と関係がある」とおっしゃっていました。

空海　それは、ちょっと越権《えっけん》になるね。言いすぎている。

今、（幸福の科学に）支援《しえん》霊がたくさんいるように、「〝その他大勢〟が、必要なときにお助けしたことがある」というレベルです。

「秘儀伝授」になったら、こちらのほうが師匠《ししょう》になりますから、そういう言い方をすれば間違《まちが》いになるでしょうね。

●ユング様は、霊言で……　『「ユング心理学」を宗教分析する』（幸福の科学出版刊）参照。

大川愛理沙　空海様は、「リエント・アール・クラウド様が（自分を）超《こ》えていかれた」というようなこともおっしゃっているのですけど……。

空海　そのときの質問者が誰だったかは知りませんけれども、多少〝くすぐられた〟んでしょうね。ちょっと言葉が過ぎたかもしれません。私のほうが導師《どうし》をやる立場にはありませんのでね。

救世主が覚醒《かくせい》するときの〝産婆《さんば》役〟

空海　ただ、大川隆法氏の覚醒《かくせい》のときに、さまざまな坊《ぼう》さんの霊が手伝いに来たように、〝産婆《さんば》役〟として、いろいろな人が存在することは事実ではあるので、「そういうときに立ち会った」という関係だと思いますけどね。

（大川総裁とは）四国の地で重なっているので、手伝っていいのか悪いのか、よく分からないけれども、「四国は信仰心《しんこうしん》の高い地域ではあるので、弘法大師《こうぼうだいし》を多少立てておけば、四国の地を本拠地《ほんきょち》にするというか、聖地にするのは便利かもしれない」というぐらいかね。

斎藤 以前、「弘法大師が地ならしで出て、八十八箇所《かしょ》の霊場《れいじょう》を開かれ、信仰心の結界《けっかい》・霊的磁場《じば》があったので仏陀再誕《ぶっださいたん》ができた」という趣旨《しゅし》のことを、総裁先生はおっしゃっていましたけれども……。

空海 いや、それは言いすぎです。関係はないのです。真言密教《しんごんみっきょう》のなかに仏陀を閉《と》じ込《こ》めるわけにはいかないので、それは言いすぎです。

斎藤　分かりました。本日のお話から謙虚《けんきょ》なお姿、御心《おこころ》を学ばせていただきました。

　では、お時間となりました。

大川愛理沙　今後も、ご指導をよろしくお願いいたします。

空海　はい。

斎藤　よろしくお願いいたします。

7　「魔法《まほう》」の範囲《はんい》を超《こ》えて語られた今回の霊言《れいげん》

大川隆法　（手を二回叩《たた》く）はい。あまり魔法使《まほうつか》いの話にならなかったかな。ごめんね。

大川愛理沙　いいえ、「念《おも》いの力」ですとか、いいお話が聞けました。

大川隆法　そうですか。ちょっと魔法を超《こ》えてしまったかな。

大川愛理沙　（笑）

大川隆法　魔法使いは、ある種、「中世の都市伝説」のようなものだから。

大川愛理沙　（笑）

大川隆法　実際、「ポルターガイスト（騒霊《そうれい》現象）」など、何か不思議なことが起きて、「あの人が起こしているらしい」ということになったら、その人は魔女や魔法使いだとされたりしたんだろうけどね。

霊体《れいたい》が空を飛ぶことはあるので、そのへんが難しいところでしょうか。

今、UMA《ユーマ》（未確認生物）現象のようなものでは、空を飛ぶ人や動物などが撮《と》られたりしていますが、「カメラワークはどうだったのか」が分からないので、それ以上のことを言ってもしかたがありません。

あるいはUFOと関係があるのでしょうか。●ユングは潜在意識《せんざい》とUFOとの関連に言及《げんきゅう》したりしているので、そのへんとも多少つながってくるのかもしれませんが、中世などでUFOが出てきたら、意味不明ではありましょう。いろいろなことがあったのでしょうが、「昔の人の反応は極端《きょくたん》から極端にブレた」ということでしょうね。

斎藤　今日は、魔法の観点から、未来型の、幸福の科学的な、「真実の捉《とら》え方」を学ばせていただく機会となりました。心から感謝申し上げます。

大川隆法　相手によって、指導側の指導の仕方が違《ちが》うわけです。
もう少し迷信《めいしん》深い感じの、農家のおばさんのような人のところに（霊が）降りてくるのだったら、その人が信じやすいような言い方をするのでしょう

●ユングは潜在意識とUFOとの関連に……　ユングの著作には、『空飛ぶ円盤』や『心理学と錬金術』『オカルトの心理学』など、UFOや錬金術、オカルトに関するものがある。

が、私のところに来て、「そういうことを言っても、どうせ、はねつけられる」と思ったら、言いはしません。

そういうところがあるので、やはり「個性の差」がどうしても出ます。それは、しかたがないことかと思います。

斎藤　今日は、長時間、まことにありがとうございました。

大川隆法　はい。

大川愛理沙・村上　ありがとうございました。

あとがき

現代人にとっては魔法としか感じられないものは、「原因と結果の法則」を超《こ》えた、超自然現象だろう。

日本密教の巨人、空海は全国に様々な足跡《そくせき》を残している。圧倒的な知識量による情報落差や、修行によって研《と》ぎすまされた超絶感覚、未知の経験などが「魔法」とも見える力に裏付けを与えているだろう。

私も映画を創《つく》るに際して、様々の「魔法」を使っている。ストーリー原案を指導霊から頂いたり、歌詞やメロディを頂いたり、降魔《ごうま》の力を頂いたりしている。

信じ難《がた》いことであろうが、昨年あたりからは、ＵＦＯの搭乗員《とうじょういん》ともテレパシー会話もしている。生きている人の守護霊との対話もほぼ毎日のことである。私自身も現代の魔法使いのグルなのかもしれない。ただその裏に、巨大な精神力が必要なのは同じだ。本書がある種の魔法入門になっておれば幸いである。

二〇一九年　一月二十九日

幸福《こうふく》の科学《かがく》グループ創始者兼総裁《そうししゃけんそうさい》　大川隆法《おおかわりゅうほう》

『ヘルメス神と空海と魔法』関連書籍・DVD

『太陽の法』(大川隆法 著　幸福の科学出版刊)
『黄金の法』(同右)
『愛から祈りへ』(同右)
『愛は風の如く』全四巻 (同右)
『ゲーテの霊言』(同右)
『マイティ・ソーとオーディンの北欧神話を霊査する』(同右)
『公開霊言　ギリシャ・エジプトの古代神 オフェアリス神の教えとは何か』(同右)
『ヤン・フス ジャンヌ・ダルクの霊言』(同右)
『遠隔透視 ネッシーは実在するか』(同右)
『公開霊言 アドラーが本当に言いたかったこと。』(同右)
『「ユング心理学」を宗教分析する』(同右)
『公開霊言　古代インカの王 リエント・アール・クラウドの本心』(同右)
『もし空海が民主党政権を見たら何というか』(大川隆法 著　幸福実現党刊)
DVD「映画『黄金の法』」(幸福の科学出版刊)

ヘルメス神《しん》と空海《くうかい》と魔法《まほう》

――霊界の秘儀と奇跡のメカニズム――

2019年2月13日　初版第1刷

著　者　大《おお》　川《かわ》　隆《りゅう》　法《ほう》

発行所　幸福の科学出版株式会社

〒107-0052 東京都港区赤坂2丁目10番14号
TEL(03)5573-7700
https://www.irhpress.co.jp/

印刷・製本　株式会社 堀内印刷所

落丁・乱丁本はおとりかえいたします

ISBN978-4-8233-0053-0 C0014

カバー Sabphoto/Shutterstock.com, Feaspb/Shutterstock.com
p.14 brannend/Shutterstock.com ／ p.20, 21 Dasha Petrenko/Shutterstock.com
p.22 Olaf Tausch ／ p.24 TK Kurikawa/Shutterstock.com, TYeu/Shutterstock.com
p.35 mTaira/Shutterstock.com ／ p.121, 122 アフロ ／ p.127 Reggaeman
p.129 663highland, Pontafon ／ p.154 Dokudami
装丁・イラスト・写真（上記・パブリックドメインを除く）© 幸福の科学

大川隆法 ベストセラーズ 様々な魔法の世界

魔法および
魔法界について

時代を進化させる魔法の力

現代にも、魔法使いは姿を変えて存在している。科学、医学、政治、経営、そして芸能──。あらゆる分野に影響し、未来を創る魔法の秘密を解き明かす。

1,500円

ゲーテの霊言

**映画「僕の彼女は魔法使い」に
描かれる世界**

白魔術と黒魔術、姿を変えた現代の魔法、そして、人生に奇跡を起こす本当の愛──。映画「僕の彼女は魔法使い」の原案となった魔法の秘密を文豪ゲーテが語る。

1,400円

ウォルト・ディズニー
「感動を与える魔法」の秘密

世界の人々から愛される「夢と魔法の国」ディズニーランド。そのイマジネーションとクリエーションの秘密が、創業者自身によって語られる。

1,500円

ドラキュラ伝説の
謎に迫る

ドラキュラ・リーディング

小説『ドラキュラ』の作者ブラム・ストーカーとドラキュラ伯爵のモデルとされるヴラド3世が、「吸血鬼伝説」の真相を語る。白魔術と黒魔術の違いも明らかに。

1,400円

※表示価格は本体価格(税別)です。

大川隆法 ベストセラーズ ギリシャ・エジプト神話の真実

愛は風の如く 全4巻

4300年前のギリシャを舞台に、ヘルメスとアフロディーテがくり広げる、愛と勇気の軌跡。新時代の希望の風を感じさせる一大叙事詩がここにある。

各1,068円

愛から祈りへ

よみがえるヘルメスの光

いま、ふたたび愛の時代が訪れる──。本書につづられた詩編や祈りの言葉の数々が、希望の光となって、あなたの魂を癒す。

1,500円

公開霊言

ギリシャ・エジプトの古代神

オフェアリス神の教えとは何か

全智全能の神・オフェアリス神の姿がついに明らかに。復活神話の真相や信仰と魔法の関係など、現代人が失った神秘の力を呼び覚ます奇跡のメッセージ。

1,400円

巫女学入門

神とつながる9つの秘儀

限りなく透明な心を磨くための作法と心掛けとは？ 古代ギリシャの巫女・ヘレーネが明かした、邪悪なものを祓い、神とつながるための秘訣。

1,400円

大川隆法 ベストセラーズ 神秘と霊能力

真実の霊能者

マスターの条件を考える

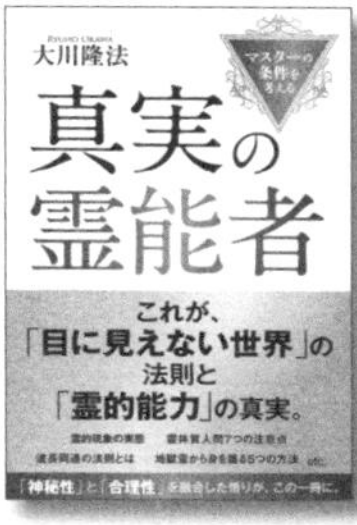

霊能力や宗教現象の「真贋《しんがん》」を見分ける基準はある──。唯物論や不可知論ではなく、「目に見えない世界の法則」を知ることで、真実の人生が始まる。

1,600 円

神秘学要論

「唯物論」の呪縛を超えて

神秘の世界を探究するなかに、人類の未来を拓く「鍵」がある。比類なき霊能力と知性が可能にした「新しき霊界思想」がここに。

1,500 円

病《やまい》を乗り切るミラクルパワー

常識を超えた「信仰心で治る力」

糖質制限、菜食主義、水分摂取──、その“常識”に注意。病気の霊的原因と対処法など、超・常識の健康法を公開！ 認知症、統合失調症等のＱＡも所収。

1,500 円

悪魔からの防衛術

「リアル・エクソシズム」入門

現代の「心理学」や「法律学」の奥にある、霊的な「正義」と「悪」の諸相が明らかに。“目に見えない脅威”から、あなたの人生を護る降魔入門。

1,600 円

幸福の科学出版

大川隆法 シリーズ 最新刊

天照大神《あまてらすおおみかみ》の「信仰継承」霊言

「信仰の優位」の確立をめざして

法を曲げない素直さと謙虚さ、そして調和の心──。幸福の科学二代目に求められる条件とは何か。「後継者問題」に秘められた深い神意が明かされる。

1,500円

天御祖神《あめのみおやがみ》の降臨

古代文献『ホツマツタヱ』に記された創造神

3万年前、日本には文明が存在していた──。日本民族の祖《おや》が明かす、歴史の定説を凌駕するこの国のルーツと神道の秘密、そして宇宙との関係。秘史を記す一書。

1,600円

「僕の彼女は魔法使い」公式ガイドブック

「僕の彼女は魔法使い」製作プロジェクト 編

千眼美子待望の主演作、2019年2月公開の映画「僕の彼女は魔法使い」の魅力が詰まった一冊。御法話抜粋や主題歌ＭＶ解説、撮り下ろしフォトなどが満載！

1,111円

※表示価格は本体価格(税別)です。

ある日、突然目の前に現れたキミは、
地上に舞い降りた〝最後の白魔女〟だった――。
愛の魔法が、世界を包む。
僕の彼女は魔法使い
製作総指揮・原案／大川隆法
千眼美子
梅崎快人　春宮みずき　佐伯日菜子　高杉 亘　不破万作
監督／清田英樹　脚本／チーム・アリブロ　音楽／水澤有一　製作／幸福の科学出版　製作協力／ARI Production　ニュースター・プロダクション
制作プロダクション／ジャンゴフィルム　配給／日活　配給協力／東京テアトル
https://bokukano-maho.jp
©2019 IRH Press
2019年2月22日(FRI) ロードショー

世界から
希望が
消えたなら。
製作総指揮・原案／大川隆法
竹内久顕　千眼美子　さとう珠緒　芦川よしみ　石橋保　木下渓
監督／赤羽博　音楽／水澤有一　脚本／大川咲也加　製作／幸福の科学出版　製作協力／ARI Production　ニュースター・プロダクション
制作プロダクション／ジャンゴフィルム　配給／日活　配給協力／東京テアトル　©2019 IRH Press
2019年秋ロードショー

幸福の科学グループのご案内

宗教、教育、政治、出版などの活動を通じて、地球的ユートピアの実現を目指しています。

幸福の科学

一九八六年に立宗。信仰の対象は、地球系霊団の最高大霊、主エル・カンターレ。世界百カ国以上の国々に信者を持ち、全人類救済という尊い使命のもと、信者は、「愛」と「悟り」と「ユートピア建設」の教えの実践、伝道に励んでいます。

（二〇一九年一月現在）

愛

幸福の科学の「愛」とは、与える愛です。これは、仏教の慈悲《じひ》や布施《ふせ》の精神と同じことです。信者は、仏法真理をお伝えすることを通して、多くの方に幸福な人生を送っていただくための活動に励んでいます。

悟り

「悟り」とは、自らが仏の子であることを知るということです。教学《きょうがく》や精神統一によって心を磨き、智慧《ちえ》を得て悩みを解決すると共に、天使・菩薩《ぼさつ》の境地を目指し、より多くの人を救える力を身につけていきます。

ユートピア建設

私たち人間は、地上に理想世界を建設するという尊い使命を持って生まれてきています。社会の悪を押しとどめ、善を推し進めるために、信者はさまざまな活動に積極的に参加しています。

海外支援・災害支援

国内外の世界で貧困や災害、心の病で苦しんでいる人々に対しては、現地メンバーや支援団体と連携して、物心両面にわたり、あらゆる手段で手を差し伸べています。

自殺を減らそうキャンペーン

年間約３万人の自殺者を減らすため、全国各地で街頭キャンペーンを展開しています。

公式サイト **www.withyou-hs.net**

ヘレンの会

ヘレン・ケラーを理想として活動する、ハンディキャップを持つ方とボランティアの会です。視聴覚障害者、肢体不自由な方々に仏法真理を学んでいただくための、さまざまなサポートをしています。

公式サイト **www.helen-hs.net**

入会のご案内

幸福の科学では、大川隆法総裁が説く仏法真理《ぶっぽうしんり》をもとに、「どうすれば幸福になれるのか、また、他の人を幸福にできるのか」を学び、実践しています。

入会

仏法真理を学んでみたい方へ

大川隆法総裁の教えを信じ、学ぼうとする方なら、どなたでも入会できます。入会された方には、『入会版「正心法語《しょうしんほうご》」』が授与されます。

ネット入会 入会ご希望の方はネットからも入会できます。
happy-science.jp/joinus

三帰《さんき》誓願《せいがん》

信仰をさらに深めたい方へ

仏弟子としてさらに信仰を深めたい方は、仏《ぶっ》・法《ぽう》・僧《そう》の三宝《さんぼう》への帰依を誓う「三帰誓願式」を受けることができます。三帰誓願者には、『仏説・正心法語』『祈願文《きがんもん》①』『祈願文②』『エル・カンターレへの祈り』が授与されます。

幸福の科学 サービスセンター
TEL 03-5793-1727 （受付時間／火～金：10～20時 土・日祝：10～18時 （月曜を除く））
幸福の科学 公式サイト
happy-science.jp

ハッピー・サイエンス・ユニバーシティ
Happy Science University

ハッピー・サイエンス・ユニバーシティとは

ハッピー・サイエンス・ユニバーシティ（HSU）は、大川隆法総裁が設立された「現代の松下村塾」であり、「日本発の本格私学」です。
建学の精神として「幸福の探究と新文明の創造」を掲げ、
チャレンジ精神にあふれ、新時代を切り拓く人材の輩出を目指します。

人間幸福学部　経営成功学部　未来産業学部

HSU長生キャンパス TEL **0475-32-7770**
〒299-4325　千葉県長生郡長生村一松丙 4427-1

未来創造学部

HSU未来創造・東京キャンパス
TEL **03-3699-7707**
〒136-0076　東京都江東区南砂2-6-5　公式サイト **happy-science.university**

学校法人 幸福の科学学園

学校法人　幸福の科学学園は、幸福の科学の教育理念のもとにつくられた教育機関です。人間にとって最も大切な宗教教育の導入を通じて精神性を高めながら、ユートピア建設に貢献する人材輩出を目指しています。

幸福の科学学園

中学校・高等学校（那須本校）
2010年4月開校・栃木県那須郡（男女共学・全寮制）
TEL **0287-75-7777** 公式サイト **happy-science.ac.jp**

関西中学校・高等学校（関西校）
2013年4月開校・滋賀県大津市（男女共学・寮及び通学）
TEL **077-573-7774** 公式サイト **kansai.happy-science.ac.jp**

仏法真理塾「サクセスNo.1」

全国に本校・拠点・支部校を展開する、幸福の科学による信仰教育の機関です。小学生・中学生・高校生を対象に、信仰教育・徳育にウエイトを置きつつ、将来、社会人として活躍するための学力養成にも力を注いでいます。

TEL 03-5750-0747（東京本校）

エンゼルプランV　TEL 03-5750-0757

幼少時からの心の教育を大切にして、信仰をベースにした幼児教育を行っています。

不登校児支援スクール「ネバー・マインド」　TEL 03-5750-1741

心の面からのアプローチを重視して、不登校の子供たちを支援しています。

ユー・アー・エンゼル！（あなたは天使！）運動

一般社団法人 ユー・アー・エンゼル　TEL 03-6426-7797

障害児の不安や悩みに取り組み、ご両親を励まし、勇気づける、障害児支援のボランティア運動を展開しています。

NPO活動支援

学校からのいじめ追放を目指し、さまざまな社会提言をしています。また、各地でのシンポジウムや学校への啓発ポスター掲示等に取り組む一般財団法人「いじめから子供を守ろうネットワーク」を支援しています。

公式サイト mamoro.org　ブログ blog.mamoro.org

相談窓口 TEL.03-5544-8989

百歳まで生きる会

「百歳まで生きる会」は、生涯現役人生を掲げ、友達づくり、生きがいづくりをめざしている幸福の科学のシニア信者の集まりです。

シニア・プラン21

生涯反省で人生を再生・新生し、希望に満ちた生涯現役人生を生きる仏法真理道場です。定期的に開催される研修には、年齢を問わず、多くの方が参加しています。全国168カ所、海外12カ所で開校中。

【東京校】TEL 03-6384-0778　FAX 03-6384-0779

メール senior-plan@kofuku-no-kagaku.or.jp

幸福実現党

内憂外患《ないゆうがいかん》の国難に立ち向かうべく、2009年5月に幸福実現党を立党しました。創立者である大川隆法党総裁の精神的指導のもと、宗教だけでは解決できない問題に取り組み、幸福を具体化するための力になっています。

幸福実現党 釈量子サイト **shaku-ryoko.net**
Twitter **釈量子@shakuryokoで検索**

党の機関紙
「幸福実現NEWS」

幸福実現党 党員募集中

あなたも幸福を実現する政治に参画しませんか。

○幸福実現党の理念と綱領、政策に賛同する18歳以上の方なら、どなたでも参加いただけます。
○党費:正党員(年額5千円[学生 年額2千円])、特別党員(年額10万円以上)、家族党員(年額2千円)
○党員資格は党費を入金された日から1年間です。
○正党員、特別党員の皆様には機関紙「幸福実現NEWS(党員版)」が送付されます。

＊申込書は、下記、幸福実現党公式サイトでダウンロードできます。
住所:〒107-0052 東京都港区赤坂2-10-8 6階 幸福実現党本部
TEL **03-6441-0754** FAX **03-6441-0764**
公式サイト **hr-party.jp** 若者向け政治サイト **truthyouth.jp**

幸福の科学出版

大川隆法総裁の仏法真理の書を中心に、ビジネス、自己啓発、小説など、さまざまなジャンルの書籍・雑誌を出版しています。他にも、映画事業、文学・学術発展のための振興事業、テレビ・ラジオ番組の提供など、幸福の科学文化を広げる事業を行っています。

アー・ユー・ハッピー?
are-you-happy.com

ザ・リバティ
the-liberty.com

幸福の科学出版
TEL **03-5573-7700**
公式サイト **irhpress.co.jp**

THE FACT

ザ・ファクト
マスコミが報道しない「事実」を世界に伝えるネット・オピニオン番組

Youtubeにて随時好評配信中!

ザ・ファクト 検索

NEW STAR PRODUCTION

ニュースター・プロダクション

「新時代の美」を創造する芸能プロダクションです。多くの方々に良き感化を与えられるような魅力あふれるタレントを世に送り出すべく、日々、活動しています。 公式サイト **newstarpro.co.jp**

ARI Production

ARI《アリ》 Production《プロダクション》

タレント一人ひとりの個性や魅力を引き出し、「新時代を創造するエンターテインメント」をコンセプトに、世の中に精神的価値のある作品を提供していく芸能プロダクションです。 公式サイト **aripro.co.jp**

大川隆法　講演会のご案内

大川隆法総裁の講演会が全国各地で開催されています。講演のなかでは、毎回、「世界教師」としての立場から、幸福な人生を生きるための心の教えをはじめ、世界各地で起きている宗教対立、紛争、国際政治や経済といった時事問題に対する指針など、日本と世界がさらなる繁栄の未来を実現するための道筋が示されています。

2018年12月11日 幕張メッセ「奇跡を起こす力」

2018年7月4日 さいたまスーパーアリーナ「宇宙時代の幕開け」

2017年8月2日 東京ドーム「人類の選択」

2018年10月7日 ザ・リッツカールトン ベルリン（ドイツ）「Love for the Future」

2019年1月26日 広島県立文化芸術ホール「未来への希望」